MENTALE STÄRKE

NACH DEM
6 SÄULEN PRINZIP
AUFBAUEN

WIE EIN STARKER, KLARER GEIST SIE UNBESIEGBAR MACHT!

Mentale Stärke nach dem 6 Säulen Prinzip aufbauen
(inkl. 30 Tage Mentaltraining)

Cosima Sieger

Ein Buch aus der Reihe der
Cosima Sieger Ratgeber

„Ich helfe Menschen, stark, gelassen und glücklich zu werden“

Cosima Sieger

Inhalt

Wie ein starker Geist Ihr Leben verändert

Wir bewundern starke Menschen. Menschen mit einem ruhigen, klaren, und doch fokussierten, einem zielgerichteten, starken und unbeirrbaren Geist. Einem Geist, der unabhängig ist und sich weder besiegen noch brechen, und schon gar nicht in die Irre führen lässt. Der sich nicht von Widerständen aufhalten lässt und sich seinen Weg zum Ziel bahnt...

Nicht viele Menschen besitzen einen solchen Geist. Echte mentale Stärke ist eine Rarität. Und doch würden wir alle nur zu gerne über sie verfügen. Denn sie lässt uns größer und stärker sein als alles, was uns Angst macht und uns aufhält – und zwar in allen Lebenslagen - und ist deshalb wohl ein Urwunsch eines jeden Menschen.

Wir träumen davon, zu einem Menschen zu werden, der sich nicht mehr beirren, verwirren oder verunsichern lässt, der sich mit großer innerer Ruhe und Kraft und einem messerscharfen Fokus unbeirrbar und stetig auf seine Ziele zubewegt, bis er sie erreicht hat. Der sich nicht von inneren und äußeren Widerständen aufhalten lässt und selbst das Unmögliche möglich macht. Der mutige und klare Entscheidungen trifft und für sie alles aufs Spiel setzt, weil er sich selbst felsenfest vertrauen kann.

Der sich und seine Kräfte kontrolliert und sie lenken kann wie ein Shaolin Mönch. Ja, der der Meister über seine eigenen Kräfte ist. Der keine Angst hat vor der Angst... und durch sie hindurch geht, anstatt vor ihr davon zu laufen.

Der sich dem Leben stellt, anstatt sich zu verstecken. Und der die Stürme des Lebens aufrecht und würdevoll übersteht...

Ich habe eine gute Nachricht für Sie:

Mentale Stärke lässt sich durch bestimmtes Training dauerhaft aufbauen.

Auch Sie können zu einem der wenigen Menschen werden, die über sie verfügen! Sie können das Geheimnis mentaler Stärke erlernen und es von nun an für sich und Ihr Leben einsetzen.

Alles was Sie dafür brauchen ist eine Entscheidung und dieses Buch.

Ich verspreche Ihnen: Wenn Sie sich ernsthaft dafür entscheiden, Ihren Geist stark zu machen und Ihrer Entscheidung Taten folgen lassen, wenn Sie das Mentaltraining aus diesem Buch umsetzen und echte mentale Stärke aufbauen, dann wird bald nichts in Ihrem Leben mehr so sein, wie es bisher war.

Die Dinge werden sich rasend schnell für Sie verändern. Probleme, die Ihnen bisher bedrohlich erschienen, werden Sie mit einem Fingerschnippen lösen und kaum noch wahrnehmen, Ziele, die Ihnen bisher unerreichbar schienen, können Sie mit Leichtigkeit erreichen. Sie werden über den Dingen stehen, und doch in der Lage sein, tief in sie einzutauchen, um sie zu erleben. Denn je stärker Ihr Geist wird, desto größer werden Sie im

Vergleich zu Ihren Problemen, zu den Herausforderungen des Lebens und auch zu Ihren Zielen.

Das erscheint Menschen oft utopisch, wenn sie noch am Beginn dieses Weges stehen. Sie können sich einfach nicht vorstellen, dass sie sich selbst so stark verändern können. Doch echte geistige Stärke hat Kräfte, die Sie erst begreifen können, wenn Sie sie selbst entwickelt haben und beginnen, die Früchte zu ernten.

Ich kann Ihnen diesen Weg nur wärmstens ans Herz legen. Denn alles beginnt mit unserem eigenen Geist. Er entscheidet darüber, was für uns im Leben möglich ist und was nicht.

Tatsächlich sind es nicht Ihre Intelligenz, Ihr Fleiss, Ihre gute Ausbildung oder Ihr gutes Aussehen, sondern es ist die Stärke Ihres Geistes, die entscheidet, ob Sie voller Entschlossenheit und Mut, Selbstvertrauen, Zuversicht und Freude von einem Erfolg zum nächsten gelangen, oder ob Sie ein Leben in den Ketten menschlicher Ängste und Unsicherheiten verbringen und mit den Jahren immer kleiner, unglücklicher und unbeweglicher werden.

Denn der Grad der Stärke Ihres Geistes bestimmt Ihren Umgang mit dem Leben.

Geben Sie diesem Buch und sich selbst die Chance, Ihre inneren Ketten zu sprengen und Ihren Geist in sein volles Potenzial zu bringen. Die Ergebnisse, die Sie mit einem starken und unabhängigen Geist erzielen werden, werden

Sie in einen Zustand der Euphorie und der tiefen Dankbarkeit bringen.

Ihr (mentales) Potenzial ist unendlich viel größer als Sie es sehr wahrscheinlich jetzt gerade ahnen. Erlauben Sie Ihrem Geist, sein Potenzial zu entfalten und Ihnen neue Welten zu eröffnen...

Doch wie lässt sich mentale Stärke aufbauen? Was müssen Sie dafür beachten, wissen und tun?

Sie können Ihre mentale Stärke durch ganz gezieltes Training aufbauen wie einen Muskel. Und auch hier ist die Regelmäßigkeit beim Training ebenso wichtig, wie eine gewisse Grunddisziplin.

Sie müssen dafür unter anderem die Fähigkeit entwickeln, Ihre Energie und Ihren Fokus auf Abruf zu bündeln, in eine bestimmte Richtung zu lenken und beides laserscharf auf einen bestimmten Zielpunkt zu richten, den Sie erreichen oder verändern wollen. Denn Erfolg ist die Konzentration von Energie.

Und um diese Fähigkeit aufzubauen, müssen Sie die Kontrolle über Ihre bewussten und unbewussten Gedanken, Glaubenssätze und Überzeugungen erlangen und einen neuen Umgang mit Ihren Ängsten und Unsicherheiten erlernen.

Doch eine Veränderung Ihrer Gedanken und eine bessere Kontrolle über Ihren Fokus reicht nicht aus, um mentale Stärke zu erlangen. Auch die Steigerung Ihrer geistigen Leistungsfähigkeit, Ihrer Entscheidungsfähigkeit, Ihrer praktischen Problemlösungskompetenz und Ihres Mutes, Hürden zu überwinden, gehören dazu. Deshalb ist unter anderem auch ein konsequentes Komfortzonentraining im Rahmen Ihres Mentaltrainings unverzichtbar. Sie müssen bereit sein, Ihre Komfortzone in regelmäßigen Abständen immer ein Stück weiter zu verlassen.

All das werden Sie in diesem Buch praktisch lernen.

Und nicht zuletzt werden wir gemeinsam einige Ihrer entscheidenden inneren Blockaden und Sabotageprozesse enttarnen und beseitigen, die Sie wahrscheinlich schon sehr lange heimlich von innen heraus verunsichern, zurückhalten, verängstigen und viel schwächer und kleiner halten, als Sie es eigentlich sind.

Es ist wichtig zu verstehen, dass die Stärke Ihres Geistes auf all diesen Säulen beruht.

Wenn Sie mentale Stärke aufbauen wollen, reicht es nicht aus, sich nur einer dieser Säulen zu widmen und an ihr zu arbeiten. Sondern Sie müssen sie alle berücksichtigen, verändern und im richtigen Zusammenspiel stabil und dauerhaft entwickeln.

Ich habe deshalb für dieses Buch ein Gesamtkonzept erarbeitet, das alle Säulen mit einschließt und das Sie sicher an Ihr Ziel führen und mental stark machen wird. In jedem der sechs Teile dieses Buches werden Sie eine Säule kennenlernen.

Sie werden lernen, alle sechs nötigen Säulen echter mentaler Stärke zu verstehen und dauerhaft aufzubauen und erhalten zu jedem Schritt praktische Übungen, mit denen Sie Ihren Fortschritt mit Leichtigkeit meistern.

Keine Sorge: Die praktischen Schritte, die ich Ihnen zeigen werde, sind einfach und machen Spaß. Ich begleite Sie auf Ihrem Weg...

Lassen Sie uns also gleich beginnen!

Ich wünsche Ihnen viel Spaß beim Lesen und natürlich viel Erfolg bei der Umsetzung!

Ihre Cosima Sieger

Teil I – So gewinnen Sie die Macht über Ihre Gedanken und werden frei

Sie haben bereits erfahren, dass wir, um mentale Stärke aufzubauen, unsere Gedanken ebenso verändern müssen, wie unser Handeln und unsere praktischen Fähigkeiten.

Wir beginnen nun mit der wichtigsten Voraussetzung für einen unbesiegbaren Geist:

Und zwar mit der Neuausrichtung und gezielten Veränderung der Gedanken.

Unsere Gedanken haben einen enormen Einfluss auf unser Leben, ja auf unser gesamtes Schicksal. Und nur wenige Menschen wissen, dass wir unsere Gedanken mit etwas Übung selbst wählen und nach unseren Wünschen verändern und neu ausrichten können.

Wir können selbst entscheiden, was wir denken! Und wir sollten diese Fähigkeit erlernen und trainieren, denn selbst wenn Sie alle anderen Strategien aus diesem Buch perfekt umsetzen, werden Sie keine mentale und emotionale Stärke erlangen, solange Sie unbewusst immer wieder schwächende und blockierende Gedanken denken und Ihren Fokus auf die falschen Dinge richten.

Wenn Sie mentale Stärke entwickeln wollen, dann ist Ihre Fähigkeit, Ihre Gedanken selbst zu wählen und Ihre inneren Sabotageprozesse zu durchschauen und zu beseitigen, ein unverzichtbarer Zwischenschritt zum Ziel.

Aber Ihre Gedanken haben nicht nur entscheidenden Einfluss darauf, wie stark Ihr Geist werden wird. Sondern Ihre Gedanken beeinflussen darüber hinaus automatsch auch Ihre Gefühle, Ihre Körperchemie und Ihre Handlungen und formen dadurch Ihre gesamte persönliche Realität.

Veränderungen auf der Ebene Ihrer Gedanken bewirken ganz automatisch Veränderungen auf allen anderen Ebenen. Dadurch können uns zum Beispiel negative, schwächende oder blockierende Gedanken (die uns manchmal gar nicht bewusst sind) in eine Negativ-Spirale an Gefühlen und Erlebnissen führen und positive, stärkende Gedanken hingegen in eine entgegengesetzte Positivspirale.

Lassen Sie uns deshalb zunächst einmal ansehen, warum unsere Gedanken eigentlich so enorm mächtig sind und wie sie unsere Realität tatsächlich beeinflussen und formen:

Unsere Gedanken sind der erste Dominostein in der Ursache-Wirkungskette unserer persönlichen Realität. Jeder Gedanke, den wir denken, löst einen mächtigen Dominoeffekt aus, der alles verändern kann.

Aber wie funktioniert dieser Dominoeffekt genau?

Immer wenn wir einen Gedanken denken, dann erzeugt dieser Gedanke in uns ein Gefühl und er bewirkt in unserem Körper bestimmte Reaktionen z.B. Hormonausschüttungen, Blutdruckveränderungen,

Herzschlagveränderungen, Reaktionen im Verdauungssystem und viele andere.

Wenn ein Gedanke sehr starke Emotionen auslöst dann ist unsere Körperreaktion meist so stark, dass wir sie wahrnehmen. In allen anderen Fällen jedoch fällt sie so schwach aus, dass wir sie nicht bemerken. Trotzdem verändert sich permanent etwas in unserem Körper durch die vielen, vielen Gedanken, die wir den Tag über denken. Unser Körper reagiert auf unsere Gedanken... Und wir wissen ja: Steter Tropfen höhlt den Stein.

Wir verändern durch unsere Gedanken in einem gewissen Rahmen also tatsächlich auch unseren Körper! Nicht umsonst sagen wir, dass Sorgen krank machen, Stress uns auf den Magen schlägt, ein verliebter Mensch kaum Schlaf braucht und vieles mehr...

Unsere Gedanken führen außerdem natürlich auch zu entsprechenden Entscheidungen und Handlungen und bestimmten in hohem Maße die Art, wie wir auf andere Menschen und auf Situationen reagieren und wie wir mit dem Leben und mit uns selbst umgehen. Je nachdem, wie wir eine Situation bewerten und wie wir darüber denken, werden unsere Handlungen entsprechend unterschiedlich ausfallen.

Es ist sehr wichtig, dass Sie sich dies bewusst machen. Denn nur wenn Sie wirklich verinnerlicht haben, welche enorme Macht Ihre eigenen Gedanken haben und dass Sie KEINEN GEDANKEN denken können, ohne dadurch Ihre persönliche Realität zu verändern, werden Sie sehr viel bedachter und auch bewusster mit Ihren eigenen Gedanken umgehen. Sie werden beginnen, auf sie zu achten und bewusst Gedankenhygiene zu betreiben - also nicht nur Ihre Wohnung, sondern auch Ihren Kopf regelmäßig zu entrümpeln und Ihre Gedanken auszumisten...

Nachdem wir uns dieser Tatsache nun bewusst sind, können wir beginnen, unsere Gedanken zu steuern, um so unser gesamtes System einschließlich unserer Gefühle und unseres Körpers so zu verändern, dass wir auf allen Ebenen stärker werden.

Ihre Fähigkeit, Ihre Gedanken selbst zu wählen, die wir in diesem ersten Teil des Buches gemeinsam für Sie aufbauen werden, ist nicht nur der erste, unverzichtbare und entscheidende Schritt zu mentaler Stärke, sondern sie ist darüber hinaus das Geheimrezept, mit dem Sie sich das Schicksal Ihrer Träume auf ganz realer Ebene erschaffen können.

Sie profitieren also gleich doppelt, wenn Sie diese Kunst erlernen und die folgenden Anleitungen umsetzen.

Dafür müssen Sie natürlich wissen, wie Sie Ihre Gedanken in der Praxis bewusst steuern und das ist zu Beginn gar nicht so einfach. Zumindest nicht für untrainierte Menschen.

Ich persönlich halte die Kunst, die eigenen Gedanken zu steuern für die höchste Kunst in der Persönlichkeitsentwicklung. Sie muss erlernt und (zu

Beginn täglich) geübt werden, aber sie besitzt eine enorme Macht, mit der Sie alles verändern können. Sie ist das Werkzeug, mit dem Sie Ihr Leben formen und nach Ihren Wünschen erschaffen können. Es lohnt sich deshalb unbedingt, sie zu erlernen.

Und keine Sorge:

Es wird mit jeder Trainingseinheit immer leichter, Ihren Fokus bewusst auf die Dinge zu lenken, die Sie wahrnehmen, denken, fühlen und erleben MÖCHTEN und ihn abzuwenden von Dingen, die Sie schwächen und die Sie nicht mehr zum Zentrum Ihrer Realität machen wollen.

Doch Sie müssen dieses Training regelmäßig (!) absolvieren, denn wie ein Muskel wird auch Ihr Fokus mit der Zeit schwächer, wenn Sie ihn nicht regelmäßig benutzen und auch einmal an seine Grenzen bringen – oder eben immer stärker und stärker, wenn Sie täglich konsequent trainieren...

Schritt 1: Schärfen Sie Ihren Fokus

Ich möchte Ihnen zu Beginn eine sehr simple, aber ungeheuer mächtige Übung verraten, mit der Sie innerhalb von wenigen Tagen lernen, Ihren Fokus und Ihre Gedanken zu kontrollieren und zu lenken, und mit der Sie gleichzeitig eine große innere mentale und emotionale Kraft aufbauen, und Ihr Selbstvertrauen und Ihre Resilienz (Ihre psychische Widerstandskraft) stärken.

Ich empfehle Ihnen, diese Übung für mindestens die nächsten 30 Tage morgens und abends für jeweils 5-10 Minuten zu machen. Und zwar parallel zu den anderen Schritten, die Sie in diesem Buch kennenlernen werden. Am besten ist es natürlich, Sie machen diese Übung ein Leben lang weiter... Denken Sie an den Muskel, der immer im Training bleiben muss, um leistungsfähig zu sein.

Setzen Sie sich bequem und mit aufrechtem Rücken im Schneidersitz auf einen harten Untergrund (z.B. auf einen Teppich), schalten Sie Ihr Telefon aus und schließen Sie die Augen. Atmen Sie ruhig ein und aus und beginnen Sie, Ihre Aufmerksamkeit auf Ihren Atem zu richten und ihn zu verfolgen, bis Sie innerlich ruhig werden.

Stellen Sie sich dann eine weiße Fläche vor. Sobald Gedanken, Bilder oder Erinnerungen auftauchen (was bei Anfängern in der Regel alle paar Sekunden geschieht), schieben Sie diese Gedanken und Bilder beiseite, bis die weiße Fläche vor Ihrem inneren Auge wieder frei ist.

Verlieren Sie die weiße Fläche niemals aus dem Blick. Geben Sie Ihre ganze Kraft und Ihre gesamte Konzentration, geben Sie wirklich alles, um Ihre weiße Fläche frei von Gedanken und Bildern zu halten und vertreiben Sie alles, was darin auftaucht, als ginge es um Leben und Tod. Strengen Sie sich dabei wirklich an. Ja, Ihr „Brain-Workout“ darf ruhig etwas anstrengend sein, es ist ja nur für ein paar Minuten... Und wie bei einem Body-Workout im Fitnessstudio müssen Sie auch Ihren Konzentrationsmuskel bis an seine Grenzen bringen, um ihn aufzubauen. Es darf und soll sich also anstrengend anfühlen.

Wenn Sie nach 5 oder 10 Minuten die Augen wieder öffnen (Sie können sich dafür einen Wecker stellen), werden Sie sich unmittelbar stärker, klarer, vollkommen präsent, in sich ruhend und mit sich verbunden fühlen. Und mit jeder Meditation nimmt diese Wirkung zu, da Ihre Konzentrationsfähigkeit immer stärker wird. Und damit auch Ihre Fähigkeit, Ihre eigenen Gedanken zu steuern.

Diese kleine, trivial klingende Übung – eine spezielle Form der Zen-Meditation - ist eine hoch effektive Methode, um Konzentration und Fokus zu schärfen und eine Verbindung zu unserer inneren Kraft herzustellen. Sie trainiert darüber hinaus unsere innere Widerstandskraft und unsere Fähigkeit, Abläufe selbst zu steuern und zu kontrollieren und bringt Sie dadurch mit sehr wenig Aufwand zurück in Ihre volle Kraft und Selbstkontrolle. Probieren Sie es aus!

Wahrscheinlich wird es Ihnen anfangs nicht möglich sein, sich 10 Minuten voll zu konzentrieren. Das ist kein Problem, steigern Sie sich dann einfach langsam. Beginnen Sie mit 4 oder 5 Minuten voll konzentrierter Meditation morgens und abends und steigern Sie sich jeden Tag um eine Minute. Wichtig ist aber, dass Sie in diesen Minuten wirklich alles geben und 100% konzentriert bleiben.

An Tagen, an denen Sie sehr müde oder gestresst sind, nehmen Sie sich nur 3 Minuten bei wirklich voller Konzentration, aber bleiben Sie ebenfalls zu 100% präsent und kontrollieren Sie in diesen 3 Minuten Ihre Gedanken vollständig. Dadurch erzielen Sie eine größere Wirkung als mit 10 oder 20 Minuten halbherziger Meditation mit abschweifenden Gedanken.

Schritt 2: Richten Sie Ihren Fokus neu aus

Nachdem Sie nun Ihre Fähigkeit trainieren, Ihren Fokus zu lenken, stellt sich natürlich die Frage, worauf Sie ihn lenken sollten, um Ihre mentale Stärke aufzubauen.

Die Antwort lautet:

Auf das, was Sie sich stark fühlen lässt! Auf Ihre Ziele, anstatt auf die Hindernisse auf dem Weg!

Dafür haben sich unter anderem bestimmte Fragetechniken bewährt, die Ihren Fokus immer wieder gezielt auf das lenken, das Sie stark macht oder Sie an das erinnern, was bereits stark in Ihnen ist und diesen Aspekt systematisch stärker beleuchten und in den Vordergrund rücken.

Parallel zu der Zen-Übung aus dem letzten Kapitel können Sie nun also beginnen, Ihre Gedanken und Ihre Aufmerksamkeit gezielt von Dingen, die Sie sich unsicher, schwach, entmutigt oder wertlos fühlen lassen hin zu lenken zu Gedanken, die Ihnen ein Gefühl der Stärke, Sicherheit, Zuversicht und Standhaftigkeit geben.

Es geht hier nicht darum, die Realität zu verleugnen, sondern es geht darum, diejenigen Aspekte Ihrer persönlichen Realität, die Sie stark machen, durch die richtigen Fragen und Antworten zu finden und Ihren Fokus darauf zu richten. Wie Sie mit den weniger schönen, vielleicht beängstigenden Aspekten Ihres Lebens so umgehen können, dass Sie Ihnen nur wenig

Aufmerksamkeit widmen müssen und Ihre innere Stärke dabei nicht verlieren, erfahren Sie später in Teil IV des Buches zum Umgang mit Ihren Problemen.

Das worauf wir unsere Aufmerksamkeit richten, wächst. Und zwar genau durch den Zusammenhang zwischen Gedanken, Gefühlen, Körper, Entscheidungen und Handeln, den Sie bereits kennengelernt haben.

Nehmen Sie sich also in den nächsten 30 Tagen weitere 3-5 Minuten Zeit am Tag und notieren Sie jeden Abend schriftlich immer neuen Antworten auf die folgenden 3 Fragen. Schriftlich deshalb, weil geschriebenes uns besser im Gedächtnis bleibt als nur Gedachtes und wir wollen Ihren Fokus und Ihr Gedächtnis ja so stark wie nur möglich auf die Dinge richten, die Sie mental stark machen.

Und hier sind Ihre Fragen für die kommenden 30 Tage:

1. Wann in meinem Leben habe ich bereits durch mein Verhalten bewiesen, dass ich einen starken Geist habe?

   (zum Beispiel indem ich eine harte Entscheidung getroffen und konsequent durchgezogen habe, indem ich mich einer Herausforderung gestellt habe, indem ich mich für mich selbst oder jemand Anderen stark gemacht habe, indem ich etwas getan habe, obwohl ich davor Angst hatte, indem ich etwas gesagt oder zugegeben habe, was wir schwer fiel, oder mich bei jemandem geöffnet habe. Auch kleine Situationen zählen)

2. In welchen Situationen des Alltags beweise ich öfter mentale Stärke?

3. Welche Ziele habe ich mir in einem Leben bereits vorgenommen und sie auch erreicht?

   (Notieren Sie jeden Tag 1 Ziel, das Sie erreicht haben. Es zählen kleine und große Ziele. Auch wenn Sie sich zum Beispiel vorgenommen haben, den Führerschein zu machen und dieses Ziel erreicht haben, können Sie das als Erfolg auswerten!)

Wichtig ist hier, dass Sie konsequent sind und sich wirklich täglich aufs Neue für mindestens 30 Tage diese Fragen beantworten und mindestens eine Sache pro Tag und pro Frage notieren.

Die Fragen klingen trivial, doch sie sind überraschend wirksam, denn indem Sie Ihr Gehirn immer wieder beauftragen, Beweise dafür zu finden, dass Sie bereits stark und erfolgreich sind, wird sich Ihr Gehirn und damit auch Ihr Denken sehr schnell auch in diese Richtung verändern und Ihr Selbstbild wird sich neu formen.

Bleiben Sie also dran, auch wenn Sie zu Beginn vielleicht denken, das könne nichts bewirken, oder wenn Ihnen das Finden von Antworten schwerfällt.

Den meisten Menschen fällt es zu Beginn sehr schwer, Antworten zu finden. Ab der zweiten Woche wird es oft bereits leichter. Und ab der dritten Woche werden Sie diese Fragen lieben, weil Sie sich nach dem Beantworten immer großartig fühlen werden!

Und Sie werden sie dann auch mit Leichtigkeit beantworten können.

Schritt 3: Verwandeln Sie Ihren inneren Saboteur in Ihren größten Unterstützer

Es gibt eine Instanz in Ihnen, die im Sekundentakt auf Ihren Geist einwirkt und die Ihrer gerade erst neu entstehenden inneren Stärke und Sicherheit sehr gefährlich werden und beides innerhalb kürzester Zeit zerstören kann, wenn Sie sie nicht regulieren, und der Sie deshalb Ihre Aufmerksamkeit schenken sollten:

Ihre innere Stimme.

Diese innere Stimme sitzt direkt in unserem Kopf und spricht unaufhörlich mit uns. Je nachdem, was sie uns sagt und in welchem Ton sie mit uns spricht, fühlen wir uns stark, zuversichtlich, der Welt gewachsen, gut, gemocht und bestätigt, oder aber falsch, klein, unzulänglich, verunsichert und schwach.

Sie kann uns Dinge sagen wie „Kannst Du nicht aufpassen!“, „Du machst Dich lächerlich!“, „Geht das nicht schneller?“, „So schaffst Du das nie“, „Warum solltest ausgerechnet DU mit so etwas Erfolg haben, das haben schon ganz andere versucht“. Wir ziehen dann automatisch den Kopf ein, lassen die Schultern hängen und fühlen uns schlecht, minderwertig, unsicher oder angespannt, wenn wir solche Dinge hören.

Unsere innere Stimme kann aber auch ganz anders mit uns umgehen. Sie kann uns sagen „Du siehst fantastisch aus!“, „das schaffst Du mit links!“ oder „Du bist genial!“, sofort richten wir uns auf, fühlen uns stolz und bestätigt. Oder sie kann uns Dinge sagen wie „Eins nach dem Anderen", „Immer mit der Ruhe, lass Dich nicht unter Druck setzen" oder „Du hast alles richtig gemacht!" und wir fühlen uns beruhigt und in Ordnung.

Unsere innere Stimme ist mächtig, wir sollten sie nicht unterschätzen. Bereits ein einziger Satz von ihr hat einen Einfluss auf unser Lebensgefühl, unser Selbstwertgefühl und unser Selbstvertrauen – und ebenso auf unsere mentale und emotionale Stärke.

Stellen Sie sich vor, was geschieht, wenn ein Mensch über Jahre hinweg ständig Sätze hört, die ihn nieder machen, antreiben oder in Frage stellen. Wie muss ein solcher Mensch sich fühlen? Und wie wird sich jemand fühlen, der über Jahre hinweg täglich Bestätigung, Bewunderung, Lob und Mitgefühl entgegengebracht bekommt?

Das Fatale ist: wir glauben irgendwann an das, was uns immer wieder gesagt wird und halten es dann für wahr. Wir beginnen, uns entsprechend zu verhalten und bekommen dadurch zu allem Überfluss auch von unserer Außenwelt entsprechende Reaktionen, die unser Selbstbild bestätigen. Und wir merken es oft nicht einmal.

So kann es passieren, dass ein kluger, fleißiger, sehr fähiger und begabter Mensch sich permanent unzulänglich fühlt und sich für seine mangelnde Leistung selbst heruntermacht, dass er sich zu immer neuen Leistungen und besseren Ergebnissen antreibt, um sich auch nur einigermaßen im Spiegel betrachten oder anderen selbstbewusst gegenüber treten zu können. Ebenso kann es passieren, dass ein sehr attraktiver Mensch sich selbst durch den Einfluss seiner inneren Stimme höchst kritisch betrachtet, sich für kleinste Makel verurteilt, niedermacht oder gar hasst, dass er sich selbst geradezu verabscheut oder seinen Körper ablehnt, weil und solange er nicht vollkommen makellos ist.

Es ist sehr wichtig zu verstehen, dass wir das Bild, das wir (und später auch Andere) von uns selbst haben, unter anderem auch durch unsere innere Stimme selbst erschaffen - und dass wir es jederzeit neu erschaffen können. Das sollten wir daher sehr bewusst tun.

Es ist aus diesem Grund ungemein wichtig, dass wir unsere innere Stimme nicht länger unseren Feind sein lassen. Wir müssen sie zu unserem Freund machen!

Zu einem guten, wohlwollenden Freund, der uns kennt und mag, so wie wir sind, der uns unterstützt und bestätigt, der uns stark sehen will und der uns lieb hat, ohne dass wir etwas dafür tun müssen. Der seine Worte vorsichtig wählt, wenn er mit uns spricht und der uns schont. Der uns selbst Kritik liebevoll nahebringt. Und uns damit nicht in Frage stellt. Der niemals auf die Idee kommen würde, uns für unsere Schwächen nieder zu machen. Genau so sollten wir auch mit uns selbst umgehen. Mit uns selbst sprechen. Jeden Tag, und jede Minute.

Oft hat sich unsere innere Stimme jedoch bereits verselbständigt und wir nehmen nicht mehr bewusst wahr, was sie zu uns sagt. Die Art, wie sie mit uns spricht, wird für uns normal.

Wie können wir also vorgehen, um unsere innere Stimme zu unserem stärkenden und unterstützenden Freund zu machen?

Achten Sie gleich heute einmal den ganzen Tag lang bewusst darauf, was Ihnen Ihre innere Stimme für Dinge sagt – und achten Sie auch darauf, WIE sie es sagt. Auch wenn Ihnen das in manchen Situationen noch nicht gelingt, so werden Sie sie in anderen Situation doch bereits deutlich hören. Stellen Sie sich vor, mit einem anderen Menschen würde auf diese Art gesprochen. Sie werden dadurch einen guten Eindruck davon bekommen, wie Ihr Selbstbild nur alleine dadurch aussehen muss.

Tragen Sie heute ein kleines Notizbuch oder einen Zettel bei sich und schreiben Sie diese Sätze den Tag über auf (natürlich können Sie sie auch in Ihrem Smartphone notieren).

Erinnern sie Sie an bestimmte Stimmen aus Ihrer Vergangenheit? Falls ja, wem gehören diese Stimmen? Wer hat so mit Ihnen gesprochen? Vielleicht Ihre Eltern oder Geschwister oder vielleicht auch Menschen außerhalb Ihrer Familie? Vielleicht Ihre Klassenkameraden oder Lehrer? Wie haben Sie sich damals dabei gefühlt?

Machen Sie Notizen, auch wenn die Erinnerung ein bisschen schmerzt. Dinge werden uns sehr viel klarer, wenn wir sie aufschreiben und niedergeschrieben vor uns sehen. Und um sich wirklich davon lösen zu können, ist es wichtig zu verstehen, unter welchem Einfluss Sie in der Vergangenheit und insbesondere als Kind standen, von welchen Menschen dieser Einfluss ausging und was er mit Ihnen gemacht hat.

Wenn Ihnen bewusst geworden ist, wie man Sie damals behandelt hat, können Sie noch klarer erkennen, dass es nicht Ihre Schuld ist – dass Sie nicht falsch sind - sondern dass andere Menschen vielleicht Fehler gemacht haben. Erst wenn Sie glasklar erkennen, dass diese Stimmen von damals nichts mit Ihnen zu tun haben, dass sie vielmehr ein Produkt der Erwartungen, der Ängste und der Gefühle anderer Menschen waren, können Sie sich darin trainieren, diesen Stimmen nicht länger zuzuhören, ihnen keine Bedeutung mehr zu schenken - und sich stattdessen selbst bewusst bestätigende und unterstützende Dinge zu sagen, die Sie stark machen.

Beginnen Sie so mit sich zu sprechen, wie Sie mit einem sehr lieben Freund sprechen würden.

Denken Sie dafür einmal an den liebevollsten und herzlichsten Menschen, den Sie je getroffen haben und wählen Sie seine oder ihre Stimme in Gedanken aus, um mit Ihnen zu sprechen. Die Dinge, die sie Ihnen sagt, bestimmen Sie selbst. Aber Sie können sich den Klang seiner oder ihrer Stimme ausleihen, um von der negativen Stimme in Ihrem Kopf Abstand zu gewinnen und sie abzulösen.

Tun Sie das in den nächsten 30 Tagen täglich ganz bewusst (zum Beispiel immer morgens unter der Dusche und abends beim Zähneputzen, oder auch im Auto an jeder roten Ampel oder in der Schlange im Supermarkt). Ihre innere Stimme wird diese Gewohnheit irgendwann übernehmen und beginnen, automatisch so mit Ihnen umzugehen, ohne dass Sie sie bewusst steuern müssten.

Sie erziehen dadurch Ihre innere Stimme dazu, Sie gut zu behandeln und Ihnen eine treue Unterstützung zu sein, Ihnen Sicherheit und Bestätigung zu geben, anstatt Sie zu verunsichern und klein zu machen. Ihr Selbstwertgefühl, Ihre emotionale und mentale Stärke, aber auch Ihr gesamtes Lebensgefühl werden sich alleine dadurch massiv zum Positiven verändern. Und Ihre innere Stimme wird nach und nach zu einem Instrument werden, mit dem Sie sich selbst Liebe und Zuwendung, Aufmerksamkeit und Bestätigung zufließen lassen können.

Wir brauchen das Gefühl, richtig, gut und genug zu sein, so wie wir sind, um innere Stärke aufbauen zu können. Solange wir innerlich glauben, falsch oder nicht genug zu sein, dumm oder ungeschickt zu sein, verunsichern wir uns durch diese Überzeugung permanent selbst und können nicht stark im Geist werden, auch wenn wir die besten Techniken dafür kennen.

Wenn Sie noch Nachholbedarf beim Thema Selbstliebe bei sich sehen, und Sie dafür eine Lösung suchen, dann empfehle ich Ihnen auch meine Bücher zum Thema Selbstliebe. Mein großes Selbstliebe Übungsbuch mit praktischen Übungen für 30 Tage eignet sich für den Anfang ideal zum Aufbaue eines noch schwachen Selbstwertgefühls.

Schritt 4: Erschaffen Sie einen starken Geist (Technik)

In diesem vierten Schritt zur Neuausrichtung Ihrer Gedanken knüpfen wir an Schritt zwei an und werden mit einer weiteren Methode daran arbeiten, Ihre Aufmerksamkeit kontinuierlich auf das zu richten, was Sie innerlich mit der Zeit immer stärker werden lässt. Denn Sie erinnern sich: Das, worauf wir unsere Aufmerksamkeit richten, wächst....

Auch hier habe ich zwei kleine, simple Fragen für Sie vorbereitet, die Sie sich für die nächsten 30 Tage (besser noch länger) jeden Tag stellen und in einem kurzen Satz schriftlich beantworten können.

Und auch hier gilt wieder: Wenn Sie diese Übungen nur 2 oder 3 Mal machen, wird sich für Sie nichts verändern. Und auch wenn Sie einmalig 2 Stunden daran arbeiten und dann nie wieder, werden Sie keinen Erfolg haben. Sie haben sich die Mühe dann umsonst gemacht. Die Wirksamkeit und damit der Erfolg liegt in der Wiederholung! Genau wie beim Sport! Auch hier gilt: Steter Tropfen höhlt den Stein – und nicht eine einzige große Flutwelle.

Bleiben Sie deshalb wirklich jeden Tag dabei, es dauert ja nur 3 Minuten. Sie können sich auch eine Blockzeit einrichten, in der Sie sich jeden Abend 20 Minuten Zeit für sich reservieren und die Meditation aus Schritt 1 machen, sowie die Fragen aus Schritt 2 und 4 beantworten. Oder Sie verteilen sie auf den Morgen und den Abend, ganz wie es für Sie am besten passt.

Nehmen Sie sich jedoch die Zeit und vor allem die Aufmerksamkeit dafür und richten Sie mit dieser Übung Ihren Fokus neu aus. Sie werden nach spätestens 2 bis 3 Wochen täglicher Wiederholung spüren, wie stark sich in Ihnen etwas verändert und wie überraschend wirksam diese simpel erscheinende Fragetechnik ist.

Und hier sind Ihre Fragen für die nächsten 30 Tage:

1. Welchen Bereich in meinem Leben habe ich aus eigener Kraft zu einem Erfolg gemacht?

Notieren Sie jeden Tag eine neue Antwort. Es zählen auch kleine Teilbereiche oder Unterbereiche großer Lebensbereiche, wie zum Beispiel: Meine Freundschaft mit meinem Kindergarten Freund Max habe ich über mehrere Jahrzehnte bis heute erfolgreich aufrechterhalten oder meine Gesundheit erhalte ich seit 4 Jahren mit konsequenter Vorsorge und Pflege aufrecht, oder auch Krankheit X habe ich erfolgreich besiegt...

2. In welchen Situationen in meinem Leben habe ich es geschafft, eine schwere oder harte Entscheidung zu treffen, und die entsprechenden Konsequenzen zu ziehen, die mir im Nachhinein gutgetan hat?

Notieren Sie jeden Tag eine Situation. Auch kleine Entscheidungen können wertvoll sein, wenn sie nicht leicht für Sie waren und Sie sie trotzdem getroffen und auch „durchgezogen“ haben, wie zum Beispiel eine

Freundschaft oder eine Bekanntschaft zu beenden, die Ihnen nicht gut getan hat oder aus einer Stadt oder einer Wohnung wegzuziehen, die nicht mehr zu Ihnen gepasst hat, oder einen Job anzunehmen, obwohl Sie Angst davor hatten, oder auch abzulehnen, obwohl die Bedingungen gut waren, weil er nicht Ihren Standards oder Werten entspricht. Oder sich gegen jemanden durchzusetzen und Ihren Lebensweg zu gehen, auch wenn man Ihnen dabei Steine in den Weg gelegt hat.

Wir alle kennen solche Entscheidungen. Harte Entscheidungen zu treffen und die Konsequenzen zu ziehen ist eine Eigenschaft starker Persönlichkeiten wie Sie es sind!

Es beweist nämlich, dass Sie bereit sind, kurzfristigen Schmerz für einen größeren langfristigen Nutzen hinzunehmen und auszuhalten. Und genau das macht Sie unbesiegbar.

Schwache Persönlichkeiten laufen vor dem Schmerz davon. Starke Persönlichkeiten laufen dem Schmerz entgegen, um mit Anlauf durch ihn hindurch zu rennen, und schließlich an einen Ort zu gelangen, der besser für sie ist als der Ort, an dem sie zuvor waren. Denn diese Orte – die wahren Schätze unseres Lebens - liegen meistens hinter unserem Schmerz und unserer Angst verborgen.

Wir werden später in diesem Buch noch auf die überraschend große Macht und den Wert konsequenter Entscheidungen für Ihr Leben eingehen. Sie werden lernen, wie eine bedingungslose Entscheidung Ihre Energie und

Ihren Fokus laserscharf auf Ihr Ziel konzentriert und neu ausrichtet und wie Sie echte Entscheidungen für sich treffen und nutzen können.

Ich werde Sie in konkreten Schritten anleiten und unterstützen, IHRE Entscheidungen zu treffen, die Sie vielleicht schon lange treffen wollen, um im Leben dorthin zu kommen, wo Sie hinwollen. Damit werden wir Sie einen entscheidenden Schritt voran bringen in Richtung des Lebens, das Ihnen guttut, das Sie sich wünschen und das Sie verdienen.

Schritt 5: Befreien Sie sich von blockierenden Glaubenssätzen

Wenn wir im Leben etwas erreichen oder verändern wollen und merken, dass wir immer wieder scheitern, dann können wir uns sicher sein, dass ungünstige Glaubenssätze uns von innen heraus sabotieren, ohne dass wir es merken.

Tatsächlich gibt es drei wesentliche Kräfte in uns, die unser Verhalten und unsere Reaktionen (oft ohne, dass wir sie bemerken) stärker steuern, als unser bewusster Wille unser Verhalten steuern kann. Unsere Glaubenssätze sind eine davon.

Und genau diese Kräfte sind schuld daran, wenn wir in einem Bereich immer wieder scheitern, uns nicht überwinden können mit etwas anzufangen, Dinge „falsch" oder uns selbst immer wieder kaputt machen, unsere Ziele nicht erreichen, unsere Träume aufgeben und in bestimmten Bereichen unseres Lebens einfach keinen Erfolg haben, obwohl wir eigentlich wissen „wie es geht" und auch immer wieder dafür aktiv werden und neue Versuche starten.

Solange wir diese Kräfte nicht kennen und sie ungesteuert in uns „wüten" lassen, erschweren sie uns unser Leben, da sie uns in bestimmten Lebensbereichen immer wieder wie Schachfiguren in eine andere Richtung bewegen, als unser bewusster Verstand das möchte.

Diese Kräfte steuern also heimlich uns und unser Verhalten (und so auch die Ergebnisse, die wir im Leben erzielen), anstatt dass wir sie steuern und lenken. Und genau dieses Machtverhältnis sollten wir verstehen und umdrehen, um wirklich frei zu werden.

Doch worum handelt es sich nun bei diesen drei inneren „Antreibern“ und „Saboteuren“, die uns heimlich steuern wie Marionetten?

Es sind unsere Glaubenssätze (auch die unbewussten), unsere Ängste (auch die verdrängten) und unsere tiefen emotionalen und existenziellen Bedürfnisse, die wir nicht selten ebenfalls im Laufe der Jahre verdrängen, wenn wir das Gefühl bekommen, dass wir sie uns doch nicht erfüllen können. Trotzdem bleiben auch diese verdrängten Bedürfnisse weiter in uns aktiv und versuchen verzweifelt, durch eine entsprechende Steuerung unseres Verhaltens zumindest eine Ersatzbefriedigung für unsere wichtigen unerfüllten Bedürfnisse zu erlangen. Mit dem Ergebnis, dass wir zum Beispiel immer wieder Dinge tun, die wir eigentlich gar nicht tun wollen, oder dass wir es einfach nicht lassen können, bestimmte Dinge zu tun…

In diesem Kapitel werde ich Ihnen zeigen, wie Sie Ihre sabotierenden Glaubenssätze verändern und sich so von dieser ersten Gruppe der inneren Saboteure befreien und mentale Stärke aufbauen.

Falls Sie Ängste oder Angststörungen haben, die ebenfalls oft Ihr Verhalten bestimmen (Sie verhalten sich immer wieder anders, als Sie es eigentlich möchten) und Sie diese überwinden möchten, dann finden Sie in meinem Buch „Die 5 Schritte Methode zum Ängste überwinden" eine genaue Anleitung dafür.

Und wenn Sie sich näher mit Ihren tieferen Bedürfnissen befassen, diese verstehen und sich selbst auf produktive Weise dauerhaft erfüllen möchten, um nicht länger von Ihnen gesteuert oder unbewusst „angetrieben" zu werden, finden Sie ab November 2019 einen Kurs dazu auf www.cosima-sieger.de mit einer mehrwöchigen, tiefgehenden und sehr detaillierten Anleitung.

Lassen Sie uns nun aber Ihren Glaubenssätzen – der ersten der drei sabotierenden Kräfte im Menschen – zuwenden, denn diese müssen wir zwingend beseitigen, um Ihre mentale Stärke aufzubauen, und uns ansehen, was Glaubenssätze eigentlich sind, und wie Sie sich dauerhaft von denjenigen befreien, die Sie schwächen, und stattdessen neue Glaubenssätze in Ihnen aufbauen, die Sie stark machen!

Leichter gesagt, als getan, denken Sie jetzt vielleicht. Wie ändert man Glaubenssätze, die sich über Jahre und Jahrzehnte in unseren Köpfen festgesetzt haben? Und was sind Glaubenssätze eigentlich genau?

Glaubenssätze sind innere Überzeugungen (also auch Erwartungen) über uns, die Welt, andere Menschen, oder bestimmte Ursache-Wirkungszusammenhänge und sie sind entscheidend mit verantwortlich dafür, wieviel wir uns in einem Bereich selbst zutrauen und für wie stark wir uns innerlich halten. Und Sie wissen ja bereits, dass das was wir denken (auch über uns selbst), letztlich auch bestimmt, wie wir über uns fühlen und wie wir handeln.

Deshalb sind Glaubenssätze so mächtig und können uns so vieles ermöglichen – und auch so vieles kaputt machen.

Doch wo kommen sie her?

Unsere Glaubenssätze sind durch bestimmte Erfahrungen in uns entstanden, die wir entweder selbst gemacht, oder bei anderen beobachtet oder übernommen haben. Diese Erfahrungen, die wir gemacht, beobachtet oder von anderen gehört haben, dienen unserem Gehirn als Beweis dafür, dass unsere Glaubenssätze berechtigt und wahr sind. Deshalb hält es so eisern daran fest, auch wenn diese Erfahrungen bereits Jahre oder gar Jahrzehnte zurückliegen, die Situation heute vollkommen anders ist, und die alten Erfahrungen heute vielleicht gar nicht mehr relevant für uns sind.

Glaubenssätze lassen sich deshalb auch nicht durch bloßes positives Denken verändern! Wir können sie auch nicht wegdenken, ignorieren oder uns von ihnen frei machen. Auch wenn wir sie verdrängen, sind sie da, und steuern von innen weiter unser Denken, Fühlen, unsere Entscheidungen und unser Verhalten.

Wir können sie aber durch neue, positive Glaubenssätze ersetzen! Und zwar, indem wir NEUE Beweise für unser Gehirn sammeln, die die Richtigkeit NEUER, besserer, positiverer und unterstützenderer Glaubenssätze belegen.

Lassen Sie mich dazu ein Beispiel geben:

Wenn Sie zum Beispiel davon überzeugt sind, keine Vorträge halten zu können, weil Sie in der Vergangenheit immer wieder diese Erfahrung gemacht haben, dann wird es Ihnen nichts nutzen, sich vor dem nächsten Vortrag 10 Mal selbst zu sagen, dass Sie gute Vorträge halten. Ihr Verstand wird Ihnen das – zurecht - nicht glauben, denn er hat genügend Gegenbeweise gesammelt. Was Sie stattdessen tun müssen, ist, andere, positive Erfahrungen zu sammeln! Nur solche neuen „Beweise" werden unsere Überzeugungen dauerhaft ändern und die alten Überzeugungen ersetzen können.

Wie aber können wir positiven Erfahrungen sammeln, wenn wir nun mal keine Vorträge halten können?

Nun, am besten in Situationen, in denen die Anforderungen deutlich niedriger sind als normalerweise. Zum Beispiel, indem wir statt vor dem wichtigsten Kunden unserer Firma einen kleinen Vortrag auf einem Familienfest oder einer Hochzeit im Kreise von Freunden halten oder ähnliches.

Auf diese Weise können Sie natürlich nicht nur Ihre Glaubenssätze über Ihre Fähigkeit, Vorträge zu halten, verändern, sondern auch alle anderen.

Sorgen Sie dafür, dass Sie sich in Situationen üben, in denen die Wahrscheinlichkeit, dass Sie Erfolg haben, sehr groß ist und vermeiden Sie vorübergehend schwierige Situationen, um sich vor schlechten Erfahrungen (die Ihren alten Glaubenssatz bestätigen würden) zu schützen.

Mit jeder positiven Erfahrung steigt Ihr Selbstvertrauen ein Stück weiter, was die Wahrscheinlichkeit eines neuen Erfolgs ebenfalls weiter erhöht. So können Sie den „Schwierigkeitsgrad" langsam steigern und wenn Sie genügend positive Erfahrungen (Beweise) gesammelt haben, werden Ihre negativen Glaubenssätze durch neue, positive ersetzt und Ihre Erwartungen damit automatisch korrigiert sein.

Zusätzlich sollten Sie sich Menschen zum Vorbild nehmen, die das gut können, was Sie lernen wollen. Beobachten Sie sie und imitieren Sie bei jedem Ihrer Tests ein oder zwei kleine Dinge von ihnen. Überfordern Sie sich nicht, denn es ist wichtig, dass Sie Ihre eigenen Anforderungen auch erfüllen können, wenn Sie Erfolge erzielen und Ihre Glaubenssätze verändern wollen.

Nehmen Sie sich auf diese Weise am besten nach und nach all diejenigen Ihrer Glaubenssätze vor, die Sie am stärksten davon abhalten, sich selbst ein glückliches Leben zu erschaffen oder ein glückliches Leben zu leben und erstellen Sie einen „Aktionsplan", wie Sie positive Gegenbeweise für jeden dieser Glaubenssätze sammeln wollen. Wie genau, erfahren Sie gleich.

Ersetzen Sie so jeden dieser negativen Glaubenssätze Stück für Stück durch neue, positive und gewinnen Sie auf diese Weise Ihr Selbstvertrauen und ein positives Bild von sich selbst, von anderen Menschen und von der Welt zurück, sodass Sie (wieder) in Ihre eigenen Fähigkeiten vertrauen und ganz entspannt und gelassen dauerhaft für Ihr eigenes

Glück sorgen können. Denn genau das lässt Sie innerlich zuversichtlich, ruhig und sehr stark werden.

Ganz konkret wollen wir das in diesem Buch nun für Ihre Glaubenssätze tun, die Sie von innen schwächen. Wir werden dafür an ihrer Stelle neue Glaubenssätze in Ihnen aufbauen, die Sie mental stärken und Ihre alten, sabotierenden Glaubenssätze verdrängen...

Sammeln Sie dafür bitte in den nächsten 10 Tagen für die folgenden 3 neuen, stärkenden Glaubenssätze konkrete Beweise im Alltag, und notieren Sie jeden Abend die Beweise, die Sie erlebt und „geliefert" haben, die die neuen Überzeugungen belegen.

Sie müssen für jeden der folgenden neuen Glaubenssätze mindestens 10 Beweise sammeln und auch aufschreiben, um die positive Erfahrung stark und eindrücklich genug in Ihrem Gedächtnis abzuspeichern. Falls das länger dauern sollte als 10 Tage, nehmen Sie sich die Zeit dafür.

Dabei zählen auch kleine bestätigende Erfahrungen als Beweise. Die Anzahl der Beweise ist nämlich wichtiger, als die Gewichtigkeit der Beweise, um einen neuen Glaubenssatz zu etablieren. Sie brauchen also keine riesigen Erfolge vorzuweisen, dafür aber möglichst viele in möglichst regelmäßigen Abständen. Außerdem gilt: Je aktueller die Beweise sind, desto stärker wirken sie.

Und hier sind Ihre neuen Glaubenssätze, die Sie stark machen werden:

Ich KANN schaffen, was ich wirklich will! Denn das habe ich schon oft bewiesen!

(Notieren Sie Beweise dafür aus Ihrem Leben)

Ich SETZE UM, was ich mir vornehme!

(Notieren Sie Beweise dafür aus Ihrem Leben)

Ich mache möglich, was ich wirklich will!

(Notieren Sie Beweise dafür aus Ihrem Leben)

Ich löse meine Probleme aus eigener Kraft!

(Notieren Sie Beweise dafür aus Ihrem Leben)

Ich stehe nach Krisen wieder auf!

(Notieren Sie Beweise dafür aus Ihrem Leben)

Ich bin in der Lage, harte Entscheidungen zu treffen!

(Notieren Sie Beweise dafür aus Ihrem Leben)

Das Wunderbare am Verändern Ihrer Glaubenssätze ist, dass Sie sich gar nicht weiter mit Ihren negativen, sabotierenden, vielleicht unbewussten Glaubenssätzen befassen müssen.

Denn sobald Sie diese neuen Glaubenssätze erst einmal in sich aufgebaut haben und sie als Ihre neue Wahrheit akzeptieren, können Sie gar nicht mehr gleichzeitig an alles glauben, was dem widersprechen würde, wie zum Beispiel „ich schaffe das nie", „ich traue mich das nicht" , ich habe das nicht im Griff", „ Ich weiss nicht was ich machen soll" „Ich weiss nicht wie ich das angehen soll", „Ich kann das nicht", „Ich weiss nicht wo ich anfangen soll" und noch viele, viele andere schwächende Glaubenssätze...

Unsere Glaubenssätze sind unsere persönliche Wahrheit. Sie sind das, woran wir glauben. Wenn wir wirklich von etwas überzeugt sind, können wir nicht mehr gleichzeitig vom Gegenteil überzeugt sein.

Machen Sie sich also auf mentaler Ebene stark, indem Sie Ihre Glaubenssätze und damit Ihr gesamtes Denken und Ihr Bild von sich und der Welt verändern!

Teil II – So verändern Sie Ihr Selbstbild und erschaffen Ihr neues, unbesiegbares ICH

In diesem zweiten Teil des Buches wollen wir anknüpfen an die Arbeit mit Ihren Glaubenssätzen aus dem ersten Teil und den nächsten, entscheidenden Schritt gehen:

Wir werden nun Ihr Selbstbild durch das zusätzliche systematische Aufbauen bestimmter Glaubenssätze gezielt verändern und dadurch Ihr neues, starkes ICH erschaffen.

Sie werden sich selbst als der Mensch sehen, der Sie sein wollen:

Stark, standhaft, sicher und unbeirrbar, innerlich ruhig, aber vollkommen fokussiert, und in der Lage, harte Entscheidungen zu treffen, über Widerstände zu gehen und jedes Ziel zu erreichen, dass Sie sich vornehmen.

Und so wie Sie sich selbst sehen, so werden Sie sich auch verhalten und so werden Sie früher oder später auch sein.

Deshalb ist unser Selbstbild so elementar wichtig für alle unsere Erfolge im Leben. Und genau deshalb sind Menschen, die sich selbst in einer Opferrolle sehen, sich also in dieser Position gefangen fühlen, auch meist über viele Jahre und Jahrzehnte, manchmal ein ganzes Leben lang, nicht in der Lage, andere Erfahrungen zu machen als solche, die ihrer Rolle entsprechen – einfach weil sie sich in diese Rolle gefügt haben.

Doch wir können aus jeder ungeliebten Rolle ausbrechen! Ganz alleine mit der Macht unserer Gedanken und einer klaren Entscheidung!

Ja, wir können aus ungünstigen oder ungeliebten Rollen ausbrechen, in die wir vielleicht im Laufe unseres Lebens geraten oder von unserem Umfeld gedrängt worden sind, und uns eine neue suchen! Und unser Selbstbild – und damit unsere Identität, unsere Entscheidungen und Erfahrungen neu wählen.

SIE bestimmen Ihre Rolle im Leben! Ganz egal, ob das Anderen gefällt oder nicht. Wenn Andere Sie gerne schwach sehen möchten oder das lange Zeit Ihre Rolle war, dann dürfen Sie sich trotzdem dazu entscheiden, ab jetzt stark zu sein! Sie brauchen von niemandem eine Erlaubnis dafür.

Fügen Sie sich nicht in Rollen, die Ihre Lebensenergie klein halten, um andere nicht zu verunsichern oder um sich gar für die Zwecke anderer instrumentalisieren zu lassen.

SIE ENTSCHEIDEN WER SIE SEIN WOLLEN! UND SIE DÜRFEN STARK SEIN UND IHRE ZIELE ERREICHEN!

Eine Veränderung Ihrer Identität braucht etwas Mut, Überwindung und wie bei jeder Veränderung konsequente Beharrlichkeit, aber sie ist absolut möglich!

Und eine Veränderung Ihres Selbstbildes hin zu einem starken, unabhängigen und freien Menschen ist auch die Voraussetzung und Vorbereitung für das Mentaltraining, das wir im nächsten Teil des Buches angehen werden, und in dem wir die Ebene des Denkens verlassen und auf die Ebene des Tuns übergehen werden.

Diese Vorbereitung für das kommende Mentaltraining ist unverzichtbar. Denn solange wir uns selbst noch auf der Ebene des Denkens blockieren, können wir noch so viel tun, und werden doch keine dauerhaften Erfolge erzielen.

Wir müssen deshalb immer auf beiden Ebenen ansetzen, wenn wir eine Veränderung herbeiführen wollen. Aber das wissen Sie ja bereits.

Doch wie können wir eigentlich unser Bild von uns selbst verändern?

Ist das nicht nahezu aussichtslos, wo wir doch in unserem Denken und Handeln solche Gewohnheitstiere sind...?

Die Macht des dynamischen Selbstbildes

Nicht im geringsten!

Zunächst einmal ist es an dieser Stelle wichtig zu verstehen, dass Möglichkeiten sich ÄNDERN können und Neues möglich werden kann! Auch in Ihrem Leben.

Wir neigen dazu, von unserer Vergangenheit auf unsere Zukunft zu schließen, nicht nur was unser Leben und unsere Möglichkeiten darin angeht, sondern auch was uns selbst angeht.

Wir glauben, das, was in der Vergangenheit möglich war, ist auch in unserer Zukunft für uns möglich. Und das, was bisher nie möglich war, wird auch in Zukunft nicht oder nur unter schwerster Anstrengung möglich sein.

Der größte Feind unserer eigenen Entwicklung ist das sogenannte *statische Selbstbild.* Dabei handelt es sich um einen Glaubenssatz, mit dem wir das Bild, das wir von uns selbst haben, für gegeben und für unveränderbar halten.

Wir glauben dann Dinge wie „Ich bin eben so“, „Ich mache das eben so“ ich kann das nicht so gut“…“das könnte ich nie…“, „das würde mir nie passieren…“ Das sind tief verankerte Glaubenssätze, die es uns stark erschweren, neue Dinge in unser Leben zu ziehen und von denen wir uns verabschieden dürfen.

Ich bin… Ich kann… Ich kann nicht… sind typische Worte, die ein Mensch mit einem statischen Selbstbild wählt.

Dem entgegen steht das dynamische Selbstbild. Ein Selbstbild, bei dem wir davon ausgehen (also den Glaubenssatz haben), dass es Prozesse gibt, mit denen wir Dinge, Systeme und auch uns selbst, unseren Körper und unsere Persönlichkeit entwickeln können. Dass wir, unser Charakter und unsere Fähigkeiten also verändert und bewusst von uns geformt werden können, wenn wir der Sache nur genügend Zeit, Geduld, Hingabe und vor allem Hartnäckigkeit und konsequentes Handeln schenken.

Und genau an diesem Punkt, an dem Sie jetzt gerade stehen, an dem Sie sich entschieden haben, echte mentale Stärke aufzubauen und dadurch ein neuer Mensch zu werden, der auch andere Ergebnisse im Leben erzielen wird als bisher, ist es notwendig, dass Sie sich von Ihrem alten statischen Selbstbild verabschieden und damit den Glaubenssatz loslassen, Sie SEIEN so und so...

Sie SIND nicht so und so... Sie haben sich vielleicht bisher häufig so und so VERHALTEN... Sie FÜHLEN vielleicht momentan oft so und so... Sie DENKEN und URTEILEN momentan so und so... Sie BEHERRSCHEN momentan dieses und jenes gut oder noch nicht so gut... Doch all das können Sie verändern!

Werden Sie ein neuer Mensch – werden Sie der Mensch, der mit unbeirrbarer innerer Stärke jeden Sturm übersteht, werden Sie der Mensch, der sich vom Leben holt, was er haben möchte und wonach sein Herz sich wirklich sehnt.

Werden Sie der Mensch, der Sie sein möchten...

Ändern Sie dafür Ihre negativen, hemmenden und blockierenden Glaubenssätze über sich selbst, lassen Sie Ihr altes statisches Selbstbild hinter sich, schlüpfen Sie in eine neue Rolle und erfinden Sie sich noch einmal vollkommen neu!

Wie, zeige ich Ihnen jetzt konkret:

So erlangen Sie in 5 Tagen ein unbeirrbar starkes ICH! (Praxisprogramm)

Schreiben Sie folgende Sätze handschriftlich auf ein Blatt Papier oder in ein Notizbuch:

Ich habe eine Entscheidung getroffen:

Ich bin ab heute nicht mehr der, der ich die letzten X Jahre war (setzen Sie hier bitte Ihr Alter ein). Ich beginne jetzt meine zweite Lebensphase: die Lebensphase der unbesiegbaren inneren Stärke! Und in der ist erstmals ALLES möglich, was ich mir wünsche. Ich werde jetzt ein neuer Mensch.

Natürlich durchleben wir alle viele verschiedene Lebensphasen und Sie haben sicher auch bereits mehr als eine Lebensphase durchlebt. Dennoch empfehle ich Ihnen, die jetzt beginnende Phase als Ihre zweite Lebensphase zu bezeichnen und auch als solche anzuerkennen, denn das signalisiert Ihrem Verstand, dass das, was nun kommt, anders werden darf als alles, was Sie bisher erlebt haben und waren, dass nun die Karten noch einmal neu gemischt werden und wieder alles möglich ist. Dass die Dinge in Ihrem Leben nun völlig anders werden können als alles, was Sie bisher erlebt haben – auch wenn Sie bereits 80 sind!

Ja, selbst wenn Sie nur noch eine einzige Woche zu leben haben, dann kann diese Woche anders werden, als alles, was Sie bisher erlebt haben. Sie haben es immer noch in der Hand. Es ist deshalb NIE zu spät für eine neue Lebensphase!

Notieren Sie bitte nun darunter 5 Eigenschaften, wie Sie in Ihrer heute beginnenden neuen Lebensphase SIND! Damit wollen wir beginnen, ein neues Selbstbild von Ihnen zu erschaffen. Dinge, wie Sie gerne sein möchten, Dinge, die Sie glauben sein zu müssen, um die mentale Stärke zu bekommen, die Sie sich wünschen:

Z.B. Ich bin stark

Ich bin standfest

Ich bin integer

Ich bin unabhängig

Ich bin fokussiert

Ich bin zielstrebig

Ich bin hochkonzentriert

Ich bin erfolgreich

Ich bin unbeirrbar

Ich bin frei…

Und nun tun Sie 5 Tage lang das Folgende:

Lesen Sie jeden Morgen gleich nach dem Aufwachen und jeden Abend vor dem Zubettgehen Ihren Entscheidungssatz und Ihre neuen 5 Eigenschaften durch und lassen Sie sie als positive Affirmation für einige Sekunden mit geschlossenen Augen in sich wirken.

Sammeln Sie parallel dazu 5 Tage lang JEDEN TAG einen kleinen Beweis dafür, dass Sie genau diese 5 Eigenschaften bereits haben! Dass Sie bereits der Mensch SIND, der die Stärke hat, die Sie sich wünschen. Verhalten Sie sich auch in diesen 5 Tagen bewusst genauso und achten Sie darauf, dass Sie in dieser Eigenschaft von Anderen wahrgenommen werden - und beobachten Sie die Reaktionen.

Ein kleiner Tipp an dieser Stelle:

Halten Sie sich in diesen 5 Tagen und auch langfristig soweit möglich von Menschen fern, die in Ihnen etwas anderes sehen als das, was Sie ab jetzt sein wollen, und die Ihnen Ihre neuen 5 Eigenschaften nicht zugestehen wollen, denn diese Menschen werden Ihr neues Selbstbild, das gerade zu Beginn wie eine zarte Pflanze gehegt, gepflegt und beschützt werden muss, ohne es zu wollen, beschädigen oder gar zerstören.

Schreiben Sie jeden Abend für jede Ihrer 5 neuen Eigenschaften auf, welcher Beweis dafür spricht, dass Sie bereits genau so sind (in welcher Situation Sie sich heute so verhalten haben) und welche Reaktionen Sie daraufhin von anderen Menschen erhalten haben.

Beachten Sie, dass es bei dieser Übung nur um EIGENSCHAFTEN geht, die Sie gerne hätten und die Ihnen helfen werden, die mentale Stärke zu gewinnen, die Sie sich wünschen.

Der Trick dabei ist:

Wenn Sie allmählich beginnen zu erkennen, dass Sie tatsächlich genau so ein Mensch sein können und wenn Sie beginnen, sich zu verändern, und sich gemäß Ihrem neuen Selbstbild zu verhalten, dann wird sich der hemmende Glaubenssatz in Ihnen auflösen, der Ihnen weismachen wollte, Sie könnten diese Stärke nicht aufbauen, weil Sie nicht „der Typ" dafür seien oder nicht das Zeug dazu hätten...

Nach den 5 Tagen können Sie nun erneut Ihr Notizbuch zur Hand nehmen und Ihr persönliches Ziel formulieren. Schreiben Sie zu Beginn:

„Meine zweite Lebensphase hat begonnen. Ich bin jetzt ...." Und listen Sie hier Ihre 5 neuen Eigenschaften auf.

Formulieren Sie darunter nun Ihr persönliches Ziel, das Sie mit diesem Buch erreichen wollen, beschreiben Sie die innere Stärke, die Sie sich wünschen. Beschreiben Sie also, wer Sie sein wollen!

Tun Sie das schriftlich, in der Gegenwart formuliert, positiv formuliert und so detailreich wie möglich. Und schreiben Sie auch auf, wie Sie sich an Ihrem Ziel fühlen werden.

Wenn Sie das 5 Tage Programm konsequent für alle Ihre neuen 5 Eigenschaften umgesetzt und Beweise dafür gesammelt haben, dass Sie bereits so SIND wie Sie sein wollen, und wie Sie sein müssen, um die mentale Stärke zu erhalten, die Sie sich wünschen (und damit gezielt einen neuen Glaubenssatz über sich selbst gebildet haben), dann werden Sie merken, dass Sie sich ganz von selbst im Alltag anders fühlen, anders verhalten und dadurch auch andere Situationen anziehen und andere Ergebnisse erzielen werden.

Sie etablieren sich dann in Ihrer neuen Rolle.

Bleiben Sie ruhig dauerhaft dabei, sich Ihr neues, starkes ICH regelmäßig vorzustellen und zu visualisieren. Wenn Sie möchten, machen Sie daraus ein dauerhaftes, kleines Ritual für Ihre innere Entwicklung.

Sie werden sehen, dass Sie sich, je öfter und intensiver Sie sich Ihr ideales ICH und das Leben Ihrer Träume vorstellen und visualisieren, auch zunehmend anders verhalten, ganz von selbst auch anders auftreten und irgendwann plötzlich ganz selbstverständlich im Leben all das anziehen werden, was Sie sich immer gewünscht haben.

Ihr altes Leben, in dem Sie sich vielleicht oft schwach, unsicher oder auch überfordert, wertlos, ängstlich oder erfolglos gefühlt haben, wird dann bereits weit zurückliegen und eines Tages vollkommen vergessen sein...

Sie werden ein neuer Mensch sein.

Teil III – 30 Tage Mentaltraining (inkl. Komfortzonentraining)

Wir verlassen nun die Ebene des Denkens und begeben uns auf die Ebene des Handelns – des TUNs, das für jede dauerhafte Veränderung in unserem Leben genauso unverzichtbar ist, wie die Anpassung und Neuausrichtung unserer Gedanken.

Die hohe Kunst des Wechsels zwischen (mentaler) Höchstleistung und Erholung

Wenn wir einen Muskel aufbauen wollen, dann können wir das nur, indem wir ihn fordern und immer wieder an seine (Leistungs-)grenzen bringen, damit er wächst. Aber wir können das nicht kontinuierlich tun, sondern wir müssen es zwar regelmäßig tun, aber ihm in der Zeit dazwischen ebenso regelmäßig Ruhepausen zur Erholung gönnen.

Genau nach diesem Prinzip bauen wir nicht nur unseren Körper, sondern auch unseren Geist auf.

Mentale Stärke und körperliche Stärke wachsen beide durch das regelmäßige Wechselspiel zwischen Herausforderung und Höchstleistung (also einem wachstumsstimulierenden Reiz) auf der einen Seite und echter Erholung auf der anderen Seite.

Es ist wichtig zu wissen, dass wir uns nicht stärken, sondern SCHWÄCHEN, wenn wir uns nur fordern und die Erholungsphasen auslassen.

Genauso werden wir aber andererseits auch mit der Zeit immer schwächer, wenn wir uns keinen mentalen Herausforderungen stellen, (also die nötigen Wachstumsreize auslassen) denn das, was wir nicht benutzen, bildet sich zurück und wird vom Körper nach und nach abgebaut. Das gilt auch für geistige Kapazitäten und emotionale oder soziale „Skills“ und Fähigkeiten.

Wir müssen uns also dem regelmäßigen Reiz aussetzen, der unser Wachstum anregt und uns ebenso regelmäßige Erholung verordnen.

Denn der Wachstumsprozess wird zwar durch den Reiz angeregt und ausgelöst, aber er VOLLZIEHT sich in den Phasen der Erholung. Eines geht deshalb nicht ohne das andere!

Interessanterweise scheitern die meisten Menschen am zweiten Punkt – nämlich der konsequenten Erholung - die gerne als Luxus betrachtet und immer weiter in die Zukunft verschoben wird, wenn es zeitlich gerade nicht passt oder etwas anderes wichtiger erscheint. Ein großer Fehler, der früher oder später zum Misserfolg führt.

Das Mentaltraining, das ich Ihnen in diesem Teil des Buches vorstellen werde, besteht aus den beiden Komponenten Herausforderung (Reiz) und Erholung, die beide gleich wichtig sind und Ihnen nur in der Kombination Ergebnisse bringen werden.

Deshalb werden Sie zunächst erfahren, wie Sie sich selbst auf mentaler Ebene so herausfordern, dass Sie dabei wachsen, und wie weit Sie dafür Ihre Komfortzone verlassen sollten.

Und Sie werden anschließend auch erfahren, wie Sie sich eigentlich wirklich mental entspannen und was Sie tun können, um sich auf mentaler (und nicht nur auf körperlicher und emotionaler Ebene) ganz zu erholen.

Ihre Komfortzone und wie weit Sie sie wirklich verlassen sollten

Um Ihre mentale Stärke aufzubauen müssen Sie sich selbst Phasen der mentalen Herausforderung zu stellen, und dafür müssen Sie in regemäßigen Abständen Ihre Komfortzone verlassen.

Doch es gibt einige Prinzipien, die Sie beachten sollten, damit Sie sich bei diesem Vorhaben nicht überfordern und sich dadurch im Endeffekt schwächen und das Gegenteil erreichen.

Lassen Sie uns diese kurz betrachten, bevor wir zu Ihrem ganz persönlichen 30 Tage Mentaltraining kommen, mit dem Sie Ihre mentale Stärke aufbauen werden:

Zunächst einmal stellt sich Ihnen vielleicht die Frage: Was genau ist eigentlich unsere Komfortzone?

Unsere Komfortzone ist der Bereich, in dem wir uns auskennen und uns wohlfühlen, in dem uns die Dinge leicht fallen und wir uns nicht überwinden müssen. Sie ist bei jedem Menschen unterschiedlich groß und verändert sich im Laufe unseres Lebens. Und sie kann von uns ganz bewusst erweitert werden.

Jedes Mal, wenn wir uns in eine neue Situation begeben oder etwas tun, vor dem wir Angst haben, verlassen wir unsere Komfortzone und begeben uns in die Lernzone.

Die Lernzone ist der Bereich, in dem wir unsere Fähigkeiten erweitern, Blockaden lösen und besser werden können.

Dahinter befindet die Panikzone. In sie geraten wir, wenn wir uns zu weit aus unserer Komfortzone herauswagen.

Ängstliche Menschen haben die Tendenz, in ihrer Komfortzone zu bleiben. Mutige Menschen haben die Tendenz, sich aus der Komfortzone heraus in ihrer Lernzone zu bewegen. Sie fühlen sich gefordert, aber auch lebendig in der Lernzone, während ängstliche Menschen die unbekannte Lernzone als besonders bedrohlich erleben.

Ein Beispiel:

Nehmen wir an, Sie sind schüchtern und es fällt Ihnen schwer, fremde Menschen anzurufen. Wenn Sie mit einem alten Freund telefonieren, dann sind Sie in Ihrer Komfortzone, in der Sie sich wohl fühlen.

Wenn Sie in einem Restaurant anrufen müssen, um eine Reservierung zu machen, müssen Sie sich aus Ihrer Komfortzone hinaus in die Lernzone bewegen und das kostet Sie bereits Überwindung.

Wenn Sie nun allerdings für Ihre Firma eine internationale Telefonkonferenz mit der Management-Etage aller Konsortialpartner Ihres Unternehmens aufsetzen müssten, um in einer Fremdsprache die Vertragsverhandlungen für den nächsten Multi-Millionen-Auftrag zu leiten, dann wären Sie wahrscheinlich in Ihrer Panikzone.

Wenn wir unsere Komfortzone erweitern und in Situationen sicher werden wollen, die uns bisher schwergefallen sind, dann müssen wir uns dafür zu Beginn etwas überwinden und uns in der ersten Zeit täglich ein Stück aus unserer Komfortzone heraus in die Lernzone wagen.

Aber immer nur ein kleines Stück! Überfordern Sie sich nicht.

Meiden Sie die Panikzone (besonders am Anfang) wie der Teufel das Weihwasser, denn sie wird Ihnen so große Angst machen und Sie werden durch die Überforderung wahrscheinlich tatsächlich kleinere oder größere Misserfolge erleiden, dass Sie ganz schnell wieder in Ihrer Komfortzone zurück sind und sich weigern werden, diese noch einmal zu verlassen.

Sie brauchen gute Gründe, um Ihre Komfortzone zu verlassen – Finden Sie IHRE Gründe!

Wie aber können wir uns dazu motivieren, unsere Komfortzone zu verlassen, wenn wir uns doch offensichtlich außerhalb von ihr nicht wohl fühlen?

Unsere Komfortzone zu verlassen und sie dadurch zu erweitern kostet uns Überwindung und wir Menschen suchen von Natur aus immer zuerst den einfachen, bequemen Weg. Um uns zu etwas Unangenehmem zu überwinden, brauchen wir also gute GRÜNDE.

Unser WARUM (unsere Motivation) muss stärker sein, als der Widerstand, den wir verspüren. Wir benötigen also SEHR gute Gründe und die sollten wir kennen, bevor wir beginnen, unsere Komfortzone zu verlassen!

*„Wenn Du ein WARUM zum Leben hast, erträgst Du jedes WIE“ s*agte schon Friedrich Nietzsche.

Diese Worte können wir auf jede Aufgabe übertragen, der wir uns im Leben stellen möchten.

Wenn wir einmal unser WARUM dafür gefunden haben, dann werden wir uns überwinden und bereit sein, den Preis dafür zu bezahlen.

Deshalb möchte ich Sie dazu einladen, sich, bevor wir mit der Praxis beginnen, IHR persönliches WARUM, IHREN GRUND, warum Sie mentale Stärke erlangen werden, wollen und müssen, ganz deutlich bewusst zu machen.

Sie werden merken, dass es Ihnen, sobald Sie Ihr WARUM vor Augen haben, VIEL leichter fallen wird, sich in den kommenden 30 Tagen jeden Tag ein kleines bisschen zu überwinden und sich aus Ihrer Komfortzone heraus zu wagen.

Bitte beantworten Sie daher doch jetzt gleich einmal schriftlich die folgenden vier Fragen:

1. Woran hindert mich meine mentale „Schwäche“ im Moment ganz konkret (oder in der Vergangenheit)? (mindestens 5 Dinge notieren)
2. In welchen konkreten Situationen habe ich bisher Nachteile erlitten, weil ich noch nicht genügend mentale Stärke besitze? (mindestens 3 Situationen, besser 5)
3. Was kann ich erreichen/bekommen, sobald ich echte mentale Stärke besitze? (mindestens 3 Dinge, besser 5 notieren)
4. In welchen Situationen werde ich ganz konkret in 30 Tagen Vorteile haben, sobald ich meine mentale Stärke aufgebaut habe? (mindestens 5 Dinge notieren).

Und nun beginnen wir mit der Praxisanleitung…

Ihr Mentaltrainingsplan für 30 Tage

Sie wissen nun, dass Sie sich regelmäßig aus Ihrer Komfortzone heraus in Ihre Lernzone begeben müssen, um Ihre Leistungsstärke und Ihre mentale Stärke aufzubauen.

Wir entwerfen nun gemeinsam Ihren persönlichen 30 Tage Plan für ein Mentaltraining, das Sie genau dort abholen soll, wo Sie jetzt gerade stehen.

Dafür sollten Sie sich 30 Tage lang jeden Tag bewusst einer Situation stellen, die außerhalb Ihrer Komfortzone (jedoch nicht in Ihrer Panikzone) liegt. Und hierfür wollen wir jetzt einen Plan für Sie erstellen, den Sie über 30 Tage abarbeiten und Stück für Stück abhaken können.

Nehmen Sie sich Ihr Notizbuch zur Hand und überlegen Sie, welche Situationen im Alltag Sie mehr Überwindung kosten als andere Menschen. Schreiben Sie alles auf, was Ihnen in den Kopf kommt. Wir werden sie im nächsten Schritt ordnen.

Es sollten Dinge sein, die Sie etwas Überwindung kosten, jedoch keine Panik oder starke Ängste in Ihnen auslösen. Und sie sollten Ihnen wertvoll erscheinen, es sollten also keine sinnlosen Challenges sein, sondern es sollten Dinge sein, die Sie schon lange gerne einmal tun würden oder die Sie sich liebend gerne trauen oder tun würden und bisher einfach nicht den Mut gefunden haben.

Es spielt keine Rolle, in welchem Lebensbereich sie liegen. Für jeden Menschen sind das vollkommen andere Dinge.

Und es ist auch wichtig zu verstehen, dass diese Herausforderungen sowohl auf der geistigen, emotionalen oder auch körperlichen Ebene liegen können. ALLES wird Sie mental stärker machen, zu dem Sie sich überwinden!

Am besten ist es, wenn Sie einen Mix aus mentalen, emotionalen und auch körperlichen Herausforderungen in Ihren Plan integrieren.

Das kann bedeuten, eine kleine berufliche Herausforderung anzunehmen oder sich für das neue, komplexere Projekt in der Firma zu melden, oder sich zu überwinden, vor anderen Menschen zu sprechen oder einmal eine Rede zu halten. Aber auch, morgens kalt zu duschen oder ein neues Workout zu probieren oder fechten zu lernen.

Es kann bedeuten, sich einer Schachpartie mit einem erfahrenen Gegner zu stellen und dabei wirklich alles zu geben, sich (natürlich nur, falls Sie das interessiert) endlich einmal die Einsteinsche Relativitätstheorie von einem Physiker in Ihrem Bekanntenkreis erklären zu lassen oder sich einem anderen komplexen Thema zu stellen und sich damit zu befassen, das Ihre Denkkapazitäten stark herausfordern wird. Wählen Sie dafür bitte nur Themen, die Sie wirklich faszinierend und spannend finden. Jede einzelne Ihrer persönlichen Herausforderungen muss für SIE wertvoll und sinnvoll sein.

Es kann auch bedeuten, sich im sozialen oder emotionalen Bereich zu überwinden, zum Beispiel einen Menschen anzusprechen oder zu einem Treffen einzuladen, den Sie interessant finden, Menschen anzulächeln, falls Ihnen das schwer fällt, oder – wenn es Ihnen schwer fällt, über Ihre Gefühle zu sprechen - einem nahestehenden Menschen zu sagen, dass sie ihn lieben oder was sie an ihm mögen oder schätzen....

Was fällt IHNEN nicht leicht und was schätzen Sie dennoch als wertvoll ein und würden sich liebend gerne einmal dazu überwinden?

Wenn Sie mögen, setzen Sie sich für ein oder zwei Stunden in ein Cafe, bestellen Sie sich etwas Feines und schreiben Sie in Ruhe alles auf, was Ihnen einfällt, um Ihren persönlichen mentalen Trainingsplan zu erstellen. Versuchen Sie, einen schönen Mix aus intellektuellen, körperlichen, emotionalen und sozialen Herausforderungen zu erschaffen.

Wählen Sie dann die 20 Dinge aus Ihren Notizen aus, die Ihnen am wertvollsten für Ihr persönliches Leben erscheinen und die das Kriterium erfüllen, dass sie zwar außerhalb Ihrer Komfortzone liegen (sie kosten Sie leichte Überwindung), aber nicht in Ihrer Panikzone (sie lösen keine starken Ängste oder Panik in Ihnen aus).

Sortieren Sie dann Ihre 20 Herausforderungen nach Schweregrad. Diejenigen, die Sie am wenigsten Überwindung kosten, stehen ganz oben auf der Liste und die mit der höchsten Überwindung stehen unten auf der Liste.

Entwerfen Sie nun Ihren 30 Tage Plan:

Hier sollten Sie sich in jeder Woche an 5 aufeinanderfolgenden Tagen je eine Herausforderung von Ihrer Liste eintragen. Und an 2 aufeinanderfolgenden Tagen in jeder Woche haben Sie Pause und tun nichts, wozu Sie sich überwinden müssten, sondern genießen ganz bewusst ein leichtes Leben.

Legen Sie in die erste Woche eher die Herausforderungen, die Ihnen leichter fallen (die also oben auf Ihrer Liste stehen) und steigern Sie sich von Woche zu Woche was den Schwierigkeitsgrad angeht.

Wenn das nicht immer möglich ist, ist das kein Problem. Manche Herausforderungen sind vielleicht an bestimmte Tage gebunden und können nicht frei von Ihnen gewählt werden. Versuchen Sie einfach, die Gesamttendenz Ihres Plans so zu gestalten, dass mehr leichte Aufgaben am Anfang und mehr schwere Aufgaben am Schluss der 4 Wochen eingetragen werden.

Wir werden außerdem Ihren Mentaltrainingsplan im nächsten Kapitel noch mit Aktivitäten ergänzen, mit denen Sie sich in diesen 30 Tagen gezielt mentale Erholung schaffen. Dazu gleich mehr.

An Tag 29 werten Sie Ihre Erfolge aus:

Notieren Sie sich für Tag 29 folgende Fragen, die Sie sich dann beantworten können, um Ihren Erfolg auszuwerten:

1. Um wieviel stärker fühle ich mich innerlich im Vergleich zu vor 4 Wochen? (Zb. 4 Mal so stark... Es geht hier nur um ein subjektives Gefühl, das Ihren

Vorher-Nachher-Zustand ungefähr abbildet und vergleicht)

2. Welche positiven Ergebnisse habe ich in den letzten 28 Tagen durch das Verlassen meiner Komfortzone in meinem Leben erzielt oder welche positiven Erfahrungen habe ich dadurch gemacht, die ich sonst nicht erreicht oder erlebt hätte? (Listen Sie alles auf, was Ihnen einfällt, mindestens jedoch 7 Dinge)

3. Wie wahrscheinlich ist es, dass ich, nachdem ich mich diesen 20 Herausforderungen erfolgreich gestellt und dadurch so viel mehr Positives in mein Leben gebracht habe, durch die nächsten Momente der Überwindung und des Verlassens meiner Komfortzone noch mehr Positives in mein Leben ziehen werde? Notieren Sie die gefühlte Wahrscheinlichkeit in Prozent (z.B. 80%, oder 95%... Es geht hier wieder um Ihr subjektives Gefühl, also IHRE subjektive Einschätzung)

4. Welche weiteren Schritte der Überwindung will ich im nächsten Monat gehen, um mich selbst noch stärker und mein Leben noch besser zu machen?

Und an Tag 30 feiern Sie Ihre Erfolge! Ja, das meine ich vollkommen ernst.

Vielen Menschen fällt es schwer, sich selbst zu belohnen und sich zu feiern. Sie haben gelernt, es sei egoistisch oder es würde sie arrogant, überheblich und selbstverliebt werden lassen, sich mit ihrer eigenen Großartigkeit und Ihren positiven Fähigkeiten zu beschäftigen. Und sie rationalisieren es damit, dass Sie es sich zeitlich oder finanziell nicht leisten könnten und dass das ja auch nicht unbedingt sein müsse.

Die Folge eines solchen Denkens ist aber, dass wir uns selbst unbewusst immer kleiner machen und irgendwann überzeugt sind, unsere Bemühungen seien nichts wert.

Diese Überzeugung kann so weit gehen, dass ein Mensch, der bereits kurz vor einem Burnout steht, selbst in dieser Situation noch das Gefühl hat, was er leistet, reiche noch nicht, es sei nichts Besonderes, nicht wertvoll genug und es müsse noch mehr sein.

Sagen Sie sich selbst, wenn Sie einen Erfolg erzielt haben, niemals: Ach, so toll war das nun auch nicht, oder: das ist doch nichts Besonderes. Mich selbst belohnen, das muss doch nicht unbedingt sein. Diese Woche habe ich sowieso keine Zeit dafür.

Meine klare Meinung dazu:

DOCH! WENN SIE ETWAS GELERNT ODER GETAN HABEN, DAS SIE BISHER NOCH NICHT KONNTEN, DANN IST DAS ETWAS BESONDERES!

UND, DOCH: DAS ERFOLGE FEIERN MUSS UNBEDINGT SEIN! MACHEN SIE ES ZU IHRER PRIORITÄT UND SCHAFFEN SIE SICH ZEIT DAFÜR!

Es ist deshalb so wichtig, denn wenn wir regelmäßig unsere Erfolge (und uns selbst) feiern, dann motivieren wir uns selbst nicht nur durch die Belohnung dazu, uns anschließend noch weiter zu entwickeln, weiter proaktiv zu wachsen und weitere Erfolge zu erzielen, sondern wir signalisieren uns damit auch:

Ich habe etwas gut gemacht. Ich habe alles richtig gemacht! Das, was ich getan habe, war so wertvoll, dass es eine Belohnung verdient! Und dieses „Feedback“ an unser Unterbewusstsein (und unser Bewusstsein) trägt weiter zum Wachstum unserer inneren Stärke und unseres Selbstbildes eines erfolgreichen, starken ICH bei.

Lernen Sie daher unbedingt, sich selbst zu beschenken, sich für Leistung und Erfolge bewusst zu belohnen und sich Gutes zu tun! Und sich für Ihre Erfolge zu feiern!

Schenken Sie sich selbst etwas als Belohnung, dass Sie Ihr Mentaltraining erfolgreich absolviert haben und Ihr Leben auf die nächste Stufe gebracht haben.

Das kann, muss aber nicht ein materielles Geschenk sein, sondern einfach etwas, das IHNEN im Moment Freude macht! Überlegen Sie sich für sich selbst etwas Schönes!

Sie haben es verdient!

Wie Sie sich auf mentaler Ebene entspannen und warum das so wichtig ist

Wie wir uns körperlich entspannen wissen wir alle. Doch wie entspannen wir eigentlich unseren Geist? Wie erreichen wir mentale Erholung?

Die Antwort lautet: Indem wir unsere Gedanken frei schweifen lassen. Indem wir also genau das Gegenteil von dem tun, was uns erfolgreich macht und unsere Ziele erreichen lässt, nämlich unsere Gedanken zu steuern, auf einen Punkt zu konzentrieren und unsere Energie bewusst zu lenken.

Bei der mentalen Erholung lassen Sie vollkommen los! Sie lassen das Beschäftigen mit einer bestimmten Frage, das Steuern Ihrer Gedanken, das Grübeln, das Lernen neuer Gedanken und Informationen vollkommen los und lassen Ihre Gedanken einfach frei... Führen Sie sich auch keine Informationen zu. Der Fernseher und das Radio sollten in diesen Zeiten nicht laufen, es sei denn, es handelt sich um reine Musikkanäle.

Tagträumen ist ein fantastisches Mittel der mentalen Entspannung, aber auch gedankenverlorenes Verrichten einfacher Arbeiten, Spazieren gehen oder Musik hören, bei dem wir unsere Gedanken frei schweifen lassen. Sie müssen an gar nichts denken, sondern können Ihre Gedanken fliegen lassen, wohin sie wollen.

Man sagt, Johann Wolfgang von Goethe ging als Ausgleich zu seiner Arbeit gerne stundenlang gedankenverloren spazieren und sammelte Steine...

Bei welchen Tätigkeiten können Sie besonders gut Ihre Gedanken schweifen lassen?

Vielleicht wenn Sie im Garten in der Sonne liegen und über Kopfhörer Ihre Lieblingsmusik hören? Oder wenn Sie in der Badewanne die Seele baumeln lassen?

Vielleicht auch, wenn Sie leichte Hausarbeiten oder bestimmte Handarbeiten verrichten und sich dabei Ihren Tagträumen hingeben können? Vielleicht lieben Sie es, zu werkeln oder zu stricken? Oder bei einem Spaziergang zu entspannen?

Viele Menschen können auch beim Autofahren (mit oder ohne laute Musik) sehr gut ihre Gedanken schweifen lassen und sich entspannen, sofern sie nicht gerade zur Hauptverkehrszeit durch das Zentrum einer überfüllten Großstadt fahren.

Andere Menschen lieben zur mentalen Entspannung Orte, die etwas höher gelegen sind, und bei denen sie eine freie Aussicht und einen weiten Blick haben. Indem sie den Blick weit schweifen lassen, können automatisch auch ihre Gedanken frei fliegen....

Schreiben Sie verschiedene Orte und Tätigkeiten auf, bei denen Sie sehr leicht tagträumen und Ihre Gedanken schweifen lassen können.

Integrieren Sie anschließend in Ihren Mentaltrainingsplan jeden Tag eine solche Tätigkeit, und zwar immer an den 5 Tagen in der Woche, an denen Sie auch Ihre Komfortzone verlassen.

Die anderen beiden Tage in der Woche sollten vollkommen frei bleiben. Hier sollte weder Ihr Komfortzonentraining noch eine „Erholungseinheit“ in Ihrem Plan stehen. An diesen Tagen gibt es kein Programm und Sie müssen an nichts denken.

An den Tagen, an denen Sie eine Erholungseinheit notiert haben, sollten Sie in Ihrem Plan dazu schreiben, wie diese aussehen soll. Denn sie muss schließlich in Ihren Alltag passen und neben Ihren anderen Terminen Raum finden.

Sehr wichtig ist deshalb, dass Sie VORAB planen, was Sie tun wollen und wann am Tag Sie sich die Zeit dafür nehmen wollen. Lassen Sie die Erholungsphasen auf keinen Fall aus! Sie erinnern sich: Wenn wir uns nur herausfordern und die Erholung ausfallen lassen, werden wir langfristig nicht stärker, sondern schwächer!

Vielleicht planen Sie für den Montag Abend eine Stunde in der Badewanne ein, für den Dienstag einen Spaziergang in der Mittagspause, am Mittwoch, wenn Sie ohnehin eine längere Strecke mit dem Auto fahren müssen, nehmen Sie sich gute Musik mit und fahren eine wenig befahrene Strecke, um sich während der Fahrt mental entspannen zu können. Am Donnerstag malen, stricken oder werkeln Sie vielleicht etwas und am Freitag fahren Sie vielleicht nach der Arbeit in Ihr Lieblingscafe, das diesen herrlichen

Ausblick über die Stadt und die Wälder hat, oder setzen sich eine Stunde in den Garten.

Das alles sind nur Beispiele. Sie können auch einfach jeden Morgen in der Bahn auf dem Weg zur Arbeit mit Ihren Kopfhörern und Ihrer Lieblingsmusik für 30 Minuten abschalten und träumen... Oder sich vor dem Schlafen gehen, wenn alles ruhig ist, eine halbe Stunde oder eine Stunde Zeit für sich gönnen... Zum Träumen, Musik hören, vielleicht machen Sie dazu leichte Dehnübungen...

Finden Sie IHRE Lieblingserholungsarten und integrieren Sie 5 Mal die Woche eine solche Erholungszeit in Ihren Plan.

Blocken Sie dann die Zeit in Ihrem Kalender und sagen Sie Ihrem Umfeld, Sie haben in dieser Zeit Termine und stehen nicht für andere Termine zur Verfügung. Denn Sie haben tatsächlich einen der wichtigsten Termine, die Sie haben können, und der muss Priorität haben:

Einen Termin mit sich selbst!

Setzen Sie nun Ihren ganz persönlichen 30 Tage Mentaltrainingsplan um.

Bleiben Sie absolut konsequent, sowohl was Ihr Komfortzonentraining, als auch was Ihre Erholungsphasen angeht, und lassen Sie sich überraschen, wie stark Sie sich innerhalb dieses Monats verändern werden.

Vergessen Sie auch nicht, sich an Tag 30 für Ihre Leistung anständig zu belohnen und Ihre erfolgreiche Veränderung gebührend zu feiern!

Teil IV – So werden Sie größer als Ihre Probleme

Eine wichtige Fähigkeit, die Sie ebenfalls erwerben und trainieren sollten, wenn Sie mentale Stärke aufbauen möchten, ist Ihre Fähigkeit, mit den Problemen in Ihrem Leben so umzugehen, dass Sie sich von Ihnen nicht mehr schwächen, und schon gar nicht aus der Bahn werfen lassen.

Und diese Fähigkeit wollen wir in diesem Kapitel besprechen und gemeinsam für Sie aufbauen.

Ziel dieses Kapitels ist es, dass Ihre Probleme – die nun einmal Bestandteil jedes Lebens sind und die wir nie vollkommen durch vorbeugendes Verhalten vermeiden können, ganz gleich wie gut wir organisiert sind – Ihnen keine unnötige Energie mehr rauben und dass Sie sie entweder so schnell wie möglich und vor allem mühelos lösen und vom Tisch schaffen können, oder aber sie in einer Weise bewerten, einordnen und handhaben, die Sie nicht oder kaum mehr belastet.

Ziel ist, dass Sie in Zukunft über Ihren Problemen stehen, und nicht mehr von ihnen überrollt werden! Dass SIE Ihre Probleme in der Hand haben - und nicht Ihre Probleme Sie in der Hand haben.

Das wird Ihnen einen weiteren enormen Schub an Sicherheit, Standfestigkeit, Stärke und innerer Freiheit verleihen.

Nicht nur werden Sie mit der Methode, die ich Ihnen gleich vorstelle, mit der Zeit immer weniger Probleme in Ihrem Leben haben, die Ihnen Kraft rauben (und Probleme können uns im Leben unglaublich viel Kraft rauben und uns herunterziehen. Leider kündigt sich auch oft schon das nächste Problem an, sobald das erste gelöst ist...). Sondern Sie werden sich auch viel weniger Sorgen um Probleme machen, die möglicherweise in der Zukunft auftreten könnten und noch gar nicht eingetreten sind, oder sich schlecht über Probleme fühlen, die Sie nicht lösen können.

Je sicherer wir in unserer Fähigkeit werden, Probleme zu lösen oder einen für uns guten Umgang damit zu finden, desto weniger Sorgen machen wir uns und desto weniger Angst haben wir vor der Zukunft.

Eine hohe Problemlösungskompetenz zu entwickeln, ist deshalb ein Muss und zugleich ein enormer, stark unterschätzter Erfolgsfaktor beim Aufbau Ihrer mentalen Stärke.

Es gibt im Wesentlichen zwei Arten von Problemen, mit denen wir einen unterschiedlichen Umgang wählen müssen:

Lösbare Probleme und Probleme, die wir nicht (oder nicht sofort) lösen können, mit denen wir also eine Weile oder auch dauerhaft leben müssen.

Lassen Sie mich Ihnen nun als erstes meinen Umgang mit Problemen vorstellen, die ich lösen kann:

Ein neuer Umgang mit lösbaren Problemen

Mein Prinzip für den Umgang mit Problemen lautet:

Ich beschäftige mich immer nur dann und nur für genauso lange mit einem Problem oder mit meinen Sorgen, wie ich brauche, um das Problem zu lösen oder zu helfen – und dann wende ich mich wieder meinen Zielen, lieben Menschen und dem Genuss im Leben zu.

Und damit mir das gelingt und sich meine Probleme nicht immer wieder in meine Gedanken schleichen, habe ich ein Problemlösungsritual entwickelt.

Jeden Donnerstag von 18 – 19 Uhr habe ich einen festen Termin in meinem Lieblingscafe, an dem ich mich mit genau einem Problem von mir beschäftige und es löse.

Mein Lieblingscafe deshalb, weil es dort den besten Kuchen der Stadt gibt und ich finde, wenn ich schon Probleme habe, dann spricht nichts dagegen, sie mit Stil zu lösen.

Und 18 Uhr deshalb, weil das Cafe um 19 Uhr schließt und indem ich mir genau eine Stunde dafür gebe, mein Problem zu lösen, zwinge ich mich, mich zu konzentrieren und Ablenkungen zu widerstehen. Und je konzentrierter ich bin, desto leichter fällt es mir, eine Lösung zu erarbeiten.

Aus dem Zeitmanagement weiß ich, dass wir immer genau so lange für eine Aufgabe brauchen, wie wir Zeit bekommen, um sie zu erledigen. Und die Praxis bestätigt mir das. Und indem ich die Frist kurz und überschaubar halte, sorge ich dafür, dass ich durchgehend konzentriert bleiben kann und so besser lösungsorientiert denken kann. Außerdem bin ich motivierter, wenn der Zeitraum nicht allzu lange ist und nicht zuletzt lässt sich der Termin auch einfacher in meinen Alltag integrieren, wenn er relativ kurz bleibt.

Und ich habe festgestellt: Es funktioniert wunderbar. Eine Stunde reicht aus! Und ich verlasse das Cafe jedes Mal mit einer Lösung und habe damit ein Problem weniger.

Ich führe eine kleine Problem-Liste in meinem Smartphone und notiere dort jedes Problem für das ich eine Lösung finden muss, sobald es auftaucht. Ganz egal ob das Auto kaputt ist, ich Ärger im Beruf habe, ich ein gesundheitliches Problem lösen, Schwierigkeiten mit einer Kollegin oder meinen Projektpartnern aus der Welt schaffen möchte oder ein unangenehmes Gespräch mit einem nahestehenden Menschen zu führen ist, der mir am Herzen liegt. Das Problem, das mich am meisten belastet, wird dann beim nächsten Donnerstags-Termin gelöst. Denn so entlaste ich meinen Geist am schnellsten und am wirksamsten.

Dafür definiere ich zunächst einmal ganz genau das Problem und schreibe auf, wie die Lösung aussehen soll. Welchen Zielzustand möchte ich erreichen?

Dann betrachte ich die Angelegenheit aus der Vogelperspektive, so als sei nicht ich betroffen, sondern mir völlig fremde Menschen, die ich unbeteiligt von oben betrachte. Oft sehe ich aus dieser Perspektive sofort verschiedene Wege, mit denen sich das Problem lösen lässt und erkenne auch, welcher am einfachsten und schnellsten zum Ziel führt.

Dann entwerfe ich (bei größeren Problemen) einen Schritt für Schritt Plan und setze die nötigen Schritte auch gleich um. Wenn es E-Mails zu schreiben oder etwas zu im Internet recherchieren gibt, dann tue ich das (über mein Smartphone). Und wenn es ein persönliches Gespräch zu führen gilt, dann bereite ich mich mit Notizen auf das Gespräch vor und vereinbare den Termin.

All das lässt sich tatsächlich in einer Stunde schaffen und das Schöne ist: Wenn man diese Erfahrung einige Male gemacht hat, steigt nicht nur das eigene Selbstvertrauen enorm und das Stresslevel sinkt, weil ich weiß, dass Probleme nicht aufgeschoben werden, sondern bald für eine Lösung gesorgt wird.

Es steigt auch die Konzentrationsfähigkeit und die Problemlösungskompetenz mit zunehmendem Training immer weiter und das macht innerlich immer ruhiger, zuversichtlicher und stärker.

Jede Problemlösungseinheit ist also zugleich eine Trainingseinheit. Und auch Sie werden überrascht sein, wie schnell sich Ihre Fähigkeiten und auch Ihr lösungsorientiertes Denken durch dieses Ritual aufbauen, wenn Sie erst einmal damit begonnen haben.

Und das Beste ist natürlich:

Da ich meinen Donnerstagstermin sehr ernst nehme und jede Woche ein Problem in meinem Leben löse, habe ich auch immer weniger ungelöste Probleme in meinem Leben die mich belasten und habe viel mehr Energie für meine Träume und Wünsche und für schöne Lebensmomente.

Ein neuer Umgang mit nicht lösbaren Problemen

Was aber, wenn sich ein Problem nicht oder nicht sofort lösen lässt?

Wir wissen es: Probleme sind ein Bestandteil des Lebens.

Ein wichtiger Schlüssel zu Gelassenheit, innerer Ruhe und innerer Stärke ist es also auch zu lernen, sich nicht von ihnen stören oder aus der Ruhe bringen lassen.

Das klingt zunächst wie ein Widerspruch zum letzten Kapitel. Und tatsächlich rate ich dazu, Probleme wenn möglich sofort zu lösen, damit Sie sie aus dem Kopf haben. Das ist jedoch nicht immer möglich und wir sollten unsere innere Ruhe nicht davon abhängig machen, ob sie gelöst sind oder nicht.

Deshalb müssen wir auch mit Problemen, die wir NICHT sofort lösen können, so umgehen lernen, dass wir unsere Gelassenheit bewahren.

Die Lösung hierfür ist so einfach zu verstehen, wie sie schwer ist, umzusetzen – zumindest am Anfang. Sie lautet:

Setzen Sie Ihre Probleme in Perspektive und in Relation zu Ihrem gesamten Leben!

Oftmals blähen wir ungelöste Probleme dadurch künstlich auf, dass wir uns gedanklich viel mit ihnen beschäftigen und sie erscheinen uns dadurch viel größer als die tatsächlich sind.

Vor allem wird in dem Maße, in dem wir unsere Aufmerksamkeit auf unsere Probleme richten (vielleicht, um über eine Lösung nachzudenken), unsere Aufmerksamkeit von den vielen Dingen abgezogen, die in unserem Leben großartig sind. Wir verlieren den Blick dafür und versteifen uns auf unsere Probleme, was sie noch bedrohlicher und belastender werden lässt.

Gehen Sie die folgenden Schritte, um gelassen mit Problemen zu leben, die Sie nicht sofort lösen können:

Schritt 1:

Notieren Sie genau, welche ungelösten Probleme Sie derzeit in Ihrem Leben haben, die Sie nicht sofort lösen können. Verdrängen Sie diese Probleme nicht!

Schritt 2:

Sehen Sie sich nun jedes Ihrer Probleme einzeln an und setzen Sie eines nach dem anderen in Bezug zu Ihrem gesamten Leben, um zu erkennen, welche Bedeutung und welchen Stellenwert es tatsächlich für Ihr gesamtes Leben hat. Sie relativieren auf diese Weise Ihr Problem.

Lassen Sie mich Ihnen hierzu ganz bewusst ein recht extremes Beispiel geben:

Angenommen Sie sind bankrott und verschuldet und deshalb der Verzweiflung nahe. Dann könnten Sie sich sagen:

Mein Leben ist ein voller Erfolg. Denn ich habe einen gesunden Körper, eine Familie, die mich liebt und eine schöne kleine Wohnung, in der ich mich wohl fühle. Ich habe die Welt gesehen und in den letzten 3 Jahrzehnten viel Geld verdient und unzählige kleine und große berufliche Erfolge erzielt. Bei einem dieser zahlreichen Versuche habe ich keinen Erfolg gehabt und deshalb für eine Zeit in meinem Leben weniger Geld zur Verfügung als zuvor. Trotzdem werde ich jeden Tag satt, habe weiter ein schönes warmes Zuhause, Menschen, die mich lieben, und ich darf weiter jeden Tag arbeiten, lachen und auf dieser Erde meine Erfahrungen machen...

Wenn Sie Ihr Problem wieder in einer gesunden Perspektive und Verhältnis zu Ihrem restlichen Leben sehen können, lässt es sich gleich viel besser damit leben.

Schritt 3:

Auch wenn Sie Ihr Problem jetzt (noch) nicht lösen können, so können Sie dennoch JETZT etwas tun, um mit diesem Problem besser klar zu kommen.

In dem Beispiel mit der Verschuldung könnten Sie z.B. einen Plan aufstellen, wie und bis wann Sie Ihre Schulden zurückzahlen werden, und Sie könnten sich überlegen, wie Sie die kommenden Jahre mit wenig Geld so gestalten, dass Sie sich dennoch – auch ohne Geld – ein schönes Leben machen. Es geht hier im Wesentlichen darum, kreativ zu werden und sich Lösungen zu überlegen, wie Sie auch MIT Ihrem Problem zufrieden und glücklich leben und es sich gut gehen lassen können.

Dafür gibt es bei jedem nur möglichen Problem unzählige Möglichkeiten und ich bin sicher, wenn Sie erst einmal Ihre Kreativität fließen und den Gedanken zulassen, dass Sie auch trotz Ihrer Probleme ein wunderbares Leben führen können, werden Ihnen sehr viele Wege einfallen. Schreiben Sie sie auf!

Wenn Sie damit Schwierigkeiten haben, dann lesen Sie Bücher über Menschen, die trotz großer Herausforderungen oder Benachteiligungen im Leben glücklich leben und Großes geleistet haben. Solche Berichte werden nicht nur Ihr eigenes Problem in die richtige Perspektive setzen und es sofort viel kleiner erscheinen lassen, sondern sie werden Sie auch dazu inspirieren, andere, vielleicht auch ungewöhnliche Wege zu gehen, um mit einem unlösbaren Problem glücklich zu leben und sich Ihre Lebensfreude auch nicht nehmen zu lassen. Denn wenn die gewöhnlichen Wege nicht mehr weiterführen, ist es manchmal Zeit, ungewöhnliche Wege zu gehen...

Wenn Sie diese Strategie umsetzen, gewinnen Sie sofort Gelassenheit und innere Ruhe. Und Sie trainieren damit zusätzlich auch Ihre Fähigkeit, Lösungen für schwierige Situationen zu finden und dadurch wächst Ihr Selbstvertrauen, also das Vertrauen in Ihre Kräfte und Sie werden mit jedem erfolgreich gehandhabten Problem immer stärker. Das wird Ihnen künftig auch ganz allgemein im Leben eine größere Gelassenheit schenken und Sie neuen Problemen in Ihrem Leben ruhiger und zuversichtlicher entgegentreten lassen.

Wie Sie sich von unnötigen Sorgen befreien und in Ihre Stärke zurückfinden

An dieser Stelle möchte ich Ihnen als kleinen Bonus noch eine Strategie mit an die Hand geben, wie Sie eine ganz bestimmte Art von Gedanken, die Sie neben Ihren Problemen ebenfalls stark im Alltag schwächen und Sie von dem Zustand der mentalen Stärke entfernen, reduzieren oder aus Ihrem Leben verbannen können:

Und zwar übermäßiges Sorgenmachen!

Dazu gehört auch ständiges Grübeln, denn das tun wir nur, wenn wir vor einer Sache Angst haben, die entweder bereits eingetreten ist, oder die noch eintreten könnte, oder aber die wir noch zu regeln haben.

Menschen, die sich viele Sorgen um sich und Andere machen, sind häufig ängstlich und unruhig und fühlen sich schwach und dem Leben nicht gewachsen.

Es ist ihnen jedoch nicht damit geholfen, ihre Sorgen zu verdrängen oder sich anhand von positivem Denken einzureden, dass schon nichts passieren wird. Denn selbst wenn ihnen das gelingt, dann werden ihre Sorgen zwar aus ihrem Bewusstsein (zeitweise) verschwunden sein, aber sie werden in ihrem Unterbewusstsein weiter aktiv sein und von dort aus auf ihr Leben einwirken – tückischerweise bemerken sie es dann jedoch nicht mehr.

Verdrängung oder reines positives Denken ist also nicht die Lösung für Sie, wenn auch Sie sich häufig Sorgen machen.

Vielmehr sollten Sie sich Ihre Sorgen genauer ansehen, Lösungen für sie finden (selbst wenn Sie noch gar nicht wissen, ob das Befürchtete überhaupt eintritt) und Ihr Selbstvertrauen aufbauen, um Ihre Gewissheit zu stärken, dass Sie auch mit schwierigen Situationen gut umgehen und Ihre Probleme lösen können.

Ich empfehle Ihnen dafür die folgenden 3 Schritte:

Schritt 1:

Machen Sie sich Ihre Sorgen bewusst und nehmen Sie sie ernst.

Was bedrückt Sie im Moment? Welche Befürchtungen in Bezug auf die nahe und ferne Zukunft haben Sie? Was macht Sie unruhig und lässt Sie womöglich nachts nicht schlafen? Machen Sie sich Stichpunkte, das verschafft Ihnen mehr Klarheit.

Der Grund für diesen ersten Schritt ist, dass wir dazu neigen, unsere Sorgen zu verdrängen, um uns nicht länger damit zu belasten oder zu beunruhigen, insbesondere wenn es sich nicht um akute, sondern um chronische Sorgen handelt. Wenn wir wirklich zu innerer Ruhe und echter Zuversicht finden wollen, müssen wir unseren Sorgen jedoch ins Gesicht sehen.

Schritt 2:

Finden Sie eine Lösung für die Situationen, die Ihnen Sorgen bereiten (auch wenn noch gar nicht sicher ist, ob diese Situationen jemals wirklich eintreten).

Das hat folgenden Grund:

Wir machen uns in der Regel dann Sorgen, wenn wir nicht sicher sind, was die befürchtete Situation genau für uns bedeuten würde und wie wir damit umgehen können. Diese Angst löst sich auf, sobald wir uns vorstellen können, wie unser Leben mit der befürchteten Situation aussehen würde (und wir uns somit darauf einstellen können), und sobald wir wissen, wie wir damit umgehen können.

Nehmen Sie also für einen Moment den *Worst Case* an und tun Sie so, als sei das Befürchtete eingetreten. Notieren Sie sich bitte nun in Stichpunkten: Was für Möglichkeiten habe ich nun? Was werde ich tun? Wie wird mein Leben mit der neuen Situation aussehen? Wie werde ich die neue Situation so gestalten, dass mein Leben trotzdem schön ist?

Schritt 3:

Stärken Sie Ihr Selbstvertrauen.

Lernen Sie darauf zu vertrauen, dass Sie in der Lage sind, mit schwierigen Situationen und großen Herausforderungen umzugehen und auch große Probleme zu lösen. Je stärker Sie sich fühlen, und je sicherer Sie mit dem Leben umgehen können, desto weniger Sorgen müssen Sie sich machen.

Das ist übrigens auch einer der Gründe, warum Menschen mit steigendem Alter tendenziell gelassener werden und sich weniger Sorgen machen als junge Menschen. Sie haben genügend Lebenserfahrung gesammelt um festzustellen, dass sie auch schwere Situationen überstehen und mit ihnen umgehen können und dass nach jeder Nacht auch wieder ein neuer Tag kommt. Durch ihre Lebenserfahrung haben sie also in den meisten Fällen auf ganz natürliche Art auch Ihr Selbstvertrauen entwickelt...

Wie können Sie das nun tun?

Nun, Ihr Selbstvertrauen baut sich einerseits durch das Komfortzonen-Training auf, das Sie im letzten Teil des Buches kennengelernt haben. Setzen Sie dieses Training also auf jeden Fall um.

Zudem gibt es ein „Geheimnis“, mit dem Sie zusätzlich Ihr Selbstvertrauen enorm steigern können, welches Sie in Teil VI dieses Buches kennenlernen werden. Auch diese Strategie kann ich Ihnen nur wärmstens für die Umsetzung empfehlen. Sie wird Ihr Leben verändern!

Betrachten wir nun jedoch noch einen anderen Fall von Sorgen:

Was können Sie tun, wenn Sie sich häufig nicht um sich selbst, sondern um andere Menschen Sorgen machen?

Wenn Ihnen das oft so geht, dann möchte ich Ihnen vorschlagen, sich einmal den Grund dafür anzusehen.

Oft steht hinter unserer Sorge um Andere die Befürchtung oder die Überzeugung, dass der andere Mensch nicht in der Lage ist, sich selbst ein glückliches Leben aufzubauen und auf sich selbst aufzupassen. Wir trauen ihm, wenn wir ganz ehrlich sind, nicht sehr viel zu. Und wir glauben deshalb, für sein Glück und Wohlergehen mit verantwortlich zu sein.

Unser geringer Glaube an diese Person mag begründet sein oder auch nicht, aber er wird der Person nicht helfen, sich zu entwickeln und selbst zu lernen, ihre Herausforderungen im Leben zu lösen und sich ein Leben aufzubauen, das zu ihr passt.

Wenn Sie also wirklich helfen wollen, dann sollten Sie diesem Menschen ein großes Geschenk machen: Schenken Sie Ihm Ihren Glauben an ihn! Sagen oder zeigen Sie der Person immer wieder, dass Sie an sie glauben und ihr vertrauen.

Bauen Sie IHR Vertrauen in diese Person auf und Sie werden diesen Menschen dadurch stärken und sein Selbstvertrauen mit aufbauen. Denn wir Menschen spüren sehr genau, was uns andere Menschen zutrauen und was nicht, und es beeinflusst unser Selbstvertrauen massiv. Arbeiten Sie also an Ihrer inneren Haltung.

Denken Sie dafür an 10 Situationen, in denen Sie stolz auf diese Person waren. Erinnern Sie sich anschließend an drei Lebenskrisen oder schwierige Situationen, in denen die Person sich selbst daraus befreit oder eine Lösung dafür gefunden hat. Und zuletzt notieren Sie fünf Dinge, die diese Person besser kann als Sie.

Merken Sie, wie sich Ihre Sicht auf diesen Menschen verändert und wie Ihre Sorge um ihn abnimmt?

Wenn Sie häufig von Ängsten, Angststörungen oder Sorgen geplagt werden, die sich in Ihrem Kopf geradezu zu verselbständigen scheinen und sich einfach nicht beruhigen lassen wollen, dann arbeiten Sie gerne auch mit meinem Buch „Die 5 Schritte Methode zum Ängste überwinden". Dort stelle ich Ihnen meine Praxis-Methode vor, mit der Sie sich dauerhaft von Ängsten, Angststörungen und tiefergehendem (zwanghaftem) Sorgenmachen befreien können.

Teil V – So erreichen Sie Ihre Ziele und sprengen die Blockaden

Schritt 1: So setzen Sie Ihr Ziel richtig

Ein Mensch, der über mentale Stärke verfügt, ist in der Lage, seine Ziele zu erreichen und sich vom Leben das zu holen, was er haben will. Er denkt und handelt fokussiert, glaubt an sich, überwindet Widerstände und gibt nicht auf, bis er sein Ziel erreicht hat.

Und genau diese Fähigkeit werden wir in diesem Teil des Buches für Sie aufbauen.

Sie beginnt damit, dass wir wissen was wir wollen, dass wir unser Ziel richtig setzen, dass wir eine klare Entscheidung dafür treffen und die nötige Entschlossenheit (und so auch die innere Fokussierung) für unser Ziel entwickeln.

Um das tun zu können, müssen wir unter anderem auch den Preis kennen, den wir für dieses Ziel bezahlen müssen und wissen, dass wir ihn bezahlen können und ob wir das überhaupt wollen. Denn für jede Entscheidung im Leben bezahlen wir einen Preis...

Und dann müssen wir etwas noch Wichtigeres tun:

Wir müssen die inneren Blockaden in Form von sabotierenden Glaubenssätzen, die uns mit einer unbesiegbaren Kraft vom Erreichen unseres Zieles abhalten werden, wenn sie ungünstig in uns angelegt sind, erkennen, aufdecken und in uns beseitigen.

Und nicht zuletzt müssen wir in der Lage sein, unser Ziel auch zu visualisieren, es uns also wirklich lebhaft vorstellen zu können.

„If you can dream it you can do it" sagte schon Walt Disney.

Was wir uns hingegen nicht vorstellen können, das werden wir auch nicht erreichen, selbst wenn wir noch so hart dafür arbeiten...

Deshalb ist das Visualisieren (auf die richtige Art und Weise) unverzichtbar, um ein großes Ziel im Leben zu erreichen. Denn alles entsteht zuerst auf der Ebene unserer Gedanken.

Ich werde Ihnen deshalb auch zeigen, wie Sie erfolgreich visualisieren (auch wenn Ihnen das vielleicht bisher immer schwer gefallen ist) und werde Ihnen sagen, welchen entscheidenden Punkt Sie dabei beachten müssen, damit Sie dadurch in Kombination mit Ihrem praktischen Handeln wirklich genau das in Ihr Leben ziehen, was Sie haben wollen.

Lassen Sie uns nun aber zunächst ansehen, wie Sie Ihr Ziel, das Sie im Kopf haben, präzisieren und formulieren sollten, damit Sie es erreichen.

Denken Sie an ein Ziel, das Sie gerne erreichen würden oder einen Wunsch, den Sie vielleicht schon lange im

Leben haben. Und nutzen Sie die folgenden Kapitel, um mit mir gemeinsam den Prozess des erfolgreichen Zielesetzens und Zieleerreichens anhand Ihres Zieles durchzugehen.

Sie können diese Methode anschließend für Ihr gesamtes späteres Leben für alle anderen, noch kommenden Ziele anwenden, die Sie sich setzen und erreichen möchten.

Wenn Sie im Moment mehrere Ziele oder Wünsche haben, die Sie gerne erreichen möchten, dann wählen Sie ein Ziel oder einen Wunsch davon aus (am besten das, was Ihnen momentan am wichtigsten ist oder was Ihnen am schönsten erscheint, denn die Arbeit mit diesem Buch soll sich schließlich für Sie lohnen!).

Wir werden nun als Erstes Ihren Wunsch als konkretes Ziel formulieren und damit die Basis für Ihre Zielerreichung schaffen.

Es gibt ein paar Grundsätze, die Sie beachten sollten, wenn Sie Ihren Wunsch oder Ihr Ziel formulieren:

Formulieren Sie Ihr Ziel schriftlich, in der Gegenwart und positiv formuliert, also ohne Verneinungen. UND: Versehen Sie jeden Wunsch mit einem Datum, an dem er Wirklichkeit geworden ist.

Ganz entscheidend ist zudem, dass Sie ihn KONKRET und ganz spezifisch formulieren:

Stellen Sie sich vor, Sie füllen ein Bestellformular aus an jemanden, der sich noch nie mit Ihrem Wunsch auseinander gesetzt hat... Wie müssten Sie Ihre Bestellung formulieren, damit er genau versteht was Sie wollen und Ihnen die richtige Ware liefern kann? Seien Sie an dieser Stelle klug und überlassen Sie es dem Leben, Ihnen eventuell auch etwas noch Besseres zu liefern, als Sie sich wünschen.

Schreiben Sie also nicht: Ich wünsche mir eine Traumwohnung...

Sondern schreiben Sie: Ich lebe ab dem X.X.20XX in meiner persönlichen 80 Quadratmeter Traumwohnung mit Dachterrasse, sonnendurchfluteter Küche und einer riesigen Badewanne in einer ruhigen Straße im Viertel X der Stadt X oder in einer noch besseren Wohnung.

Schreiben Sie auch nicht: Ich möchte viel Geld verdienen. Sondern schreiben Sie:

Ich verdiene ab dem X.X.20XX in meinem Beruf als... pro Monat ... Euro oder mehr in einer Firma, in der ich es liebe, Montags in mein Büro zu kommen und meinen Job zu machen und in der ich mich jeden Morgen auf meine Kollegen freue, mich absolut blendend mit meinem Chef verstehe und den ganzen Tag über viel lache!

Legen Sie dieses Buch für einen Moment zur Seite und schreiben Sie jetzt gleich einmal Ihr persönliches Ziel auf diese Art und Weise auf.

Schritt 2: So lösen Sie die Glaubenssätze auf, die Ihnen den Weg versperren

Wenn Sie beginnen, über Ihr Ziel nachzudenken, um es präzise formulieren zu können, schaltet sich oftmals das Unterbewusstsein mit einem kleinen Sabotageprogramm ein.

Es versucht, Ihre gedankliche Ausrichtung auf Ihr Ziel zu unterdrücken oder zu blockieren – aber nicht, um Sie zu ärgern, sondern um Sie vor Enttäuschung und möglichen Gefahren zu bewahren, die durch die geplante Veränderung auf Sie zukommen könnten! Veränderung bedeutet für unser Gehirn Gefahr, denn wannimmer wir Neuland betreten, können wir nicht mehr sicher sein, was uns dort erwartet – und ob wir mit neuen möglichen Gefahren umgehen können.

Wir müssen uns also darauf einstellen, dass unser Verstand uns bereits in der Phase der Zielsetzung ein wenig in die Quere kommen wird. Ansonsten meldet er sich bei fast allen Menschen spätestens dann, wenn wir damit beginnen, uns vorzustellen, wie unser Ziel genau aussehen soll (siehe Schritt 5).

Doch wie blockiert uns unser Verstand eigentlich?

Meistens mit unterbrechenden und entmutigenden Gedanken (Glaubenssätzen) wie: „Das klappt sowieso nie", „Bleib doch besser auf dem Teppich", „Du wirst Dir selbst nur große Enttäuschungen einfangen wenn Du so unrealistisch träumst", „So ein Quatsch" oder auch „Das kann jemand wie Du nicht bekommen", „Bleib realistisch", „So etwas Schönes hast Du nicht verdient!", „Das wäre sehr egoistisch", „Denk doch mal an die Anderen...", „Dafür bist Du nicht gut genug" und... und... und...

Vielleicht kommt Ihnen ein solcher innerer Dialog bekannt vor...?

Wir werden durch solche Gedanken sofort entmutigt und die Wahrscheinlichkeit ist groß, dass wir bereits in diesem Stadium der Zielfindung – noch bevor wir überhaupt eine klare Entscheidung für unser Ziel getroffen haben und beginnen, es zu visualisieren – wieder aufgeben und es sein lassen.

Wenn es Ihnen auch oft so geht und Ihnen diese oder ähnliche Gedanken die Motivation und den Glauben an Ihr Ziel rauben und Sie entmutigen, dann müssen Sie sich keine Sorgen machen. Sie sind kein besonders schwerer Fall, sondern Sie sind ganz normal!

Entscheidend für Ihren Erfolg ist nun einzig und allein, ob Sie das Stop-Schild Ihres Unterbewusstseins akzeptieren und sich wieder in Ihrer gewohnten Welt einigeln oder ob Sie sich Ihren inneren Blockaden stellen, Ihnen die Stirn bieten und sich dafür entscheiden, sie zu überwinden.

Bevor wir jedoch gleich daran gehen, die sabotierenden Glaubenssätze in Ihrem Kopf zu beseitigen, sollten wir uns eine wichtige Frage stellen:

Sind solche Glaubenssätze nicht vielleicht doch berechtigt? Sind sie nicht vielleicht sinnvolle Warnzeichen, die uns schützen wollen und auf die wir hören sollten? Haben unsere Glaubenssätze möglicherweise doch recht?

Die Antwort lautet: Nur wenn wir das zulassen!

Denn unsere Glaubenssätze sagen uns nichts über uns, unsere wahren Fähigkeiten, unser Potenzial und unseren Wert, und auch nur sehr wenig über die realen zu erwartenden Gefahren einer zukünftigen Situation aus, sondern sie sagen etwas aus über unsere Erfahrungen in der VERGANGENHEIT, die wir entweder selbst gemacht oder bei anderen beobachtet haben und die so unser Weltbild geformt haben.

Mit anderen Worten:

Ihre Glaubenssätze haben nur sehr wenig mit IHNEN und Ihrer heutigen Realität zu tun! Sie müssen ihnen deshalb nicht alles glauben und sollten sich auch nicht auf sie verlassen.

Eine Ausnahme bilden hier natürlich Überzeugungen, die sich aufgrund von unveränderlichen Naturgesetzen zum Schutz Ihres unmittelbaren Überlebens in Ihnen gebildet haben, wie zum Beispiel, dass Sie Ihr Leben und Ihre Unversehrtheit gefährden, wenn Sie sich Feuer aussetzen oder vor ein fahrendes Auto laufen. Bei allen diesen Ihre körperliche Unversehrtheit schützenden warnenden Glaubenssätzen verlassen Sie sich bitte auf vergangene Erfahrungen Anderer. Das sollte offensichtlich sein. Vor dieser Kategorie von Gefahren warnt uns neben unseren Glaubenssätzen (also den Überzeugungen, die wir durch vergangene Erfahrungen oder Beobachtungen erlernt haben) aber auch zusätzlich ohnehin unser Instinkt.

Bei allen anderen Arten von „Gefahren" dürfen Sie Ihre Glaubenssätze kritisch hinterfragen.

Beachten Sie, dass wir die komplexe Realität immer von verschiedenen Seiten betrachten und so auch zu vollkommen unterschiedlichen Bewertungen ein und derselben Situation kommen können, die alle gleichermaßen wahr und zutreffend sind – je nachdem, welche der unendlich vielen zu berücksichtigenden Aspekte einer Situation wir betrachten und beleuchten.

Die sinnvolle Frage in Bezug auf Ihre Glaubenssätze, die Sie sich ab jetzt immer stellen sollten (von der oben beschriebenen Ausnahme einmal abgesehen), lautet deshalb nicht: Sind sie **wahr** (denn Ihre negativen Glaubenssätze sind genauso wahr oder unwahr wie die positiven – für beide könnten wir Argumente finden), sondern:

Sind sie für mich **nützlich**?

Wenn nicht, dann verändern Sie sie!

Dafür sollten Sie in der Zielsetzungsphase zwei Dinge zu tun:

Verändern Sie Ihr Selbstbild mit dem 5 Tage Programm, das Sie in Teil II dieses Buches kennengelernt haben, und zwar so, dass Sie sich das Selbstbild eines Menschen aufbauen, der mit Leichtigkeit das erreichen und auch leben kann, was Sie sich wünschen.

Überlegen Sie dafür: Was für ein Mensch müsste ich sein, um mein Ziel mühelos und entspannt erreichen und genießen zu können?

Als zweites sollten Sie parallel dazu Ihre wichtigsten negativen Glaubenssätze aufschreiben, die Sie in Ihrem inneren Dialog mit sich entdecken (zum Beispiel „Das klappt sowieso nie“ oder „Ob ich das schaffe...“) und diese anschließend in Glaubenssätze umformulieren, die das exakte Gegenteil aussagen: In diesem Beispiel vielleicht „Jetzt mache ich das möglich!“ oder „Ich habe es in der Hand!“.

Wichtig ist, dass es Ihnen nicht möglich sein darf, weiter an Ihre alten negativen Glaubenssätze zu glauben, wenn Sie erst einmal an die neuen glauben. Sie müssen sich also konsequent und vollkommen widersprechen.

Wenn Ihre neuen Glaubenssätze dieses Kriterium erfüllen, dann können Sie sie nach der Methode verändern, die Sie in Schritt 5 aus Teil I des Buches kennengelernt haben.

Denken Sie auch hier wieder daran: Entscheidend für den Erfolg ist, dass Sie eine Vielzahl an Beweisen aus Ihrem Leben für Ihre neuen Glaubenssätze suchen, finden und auch aufschreiben.

Sich Ihre neuen Glaubenssätze nur als Affirmationen immer wieder selbst vorzusagen reicht nicht aus...

Beginnen Sie gleich heute und setzen Sie die zwei Teilschritte um:

Bauen Sie also ein zu Ihrem Ziel passendes neues Selbstbild auf und verwandeln Sie Ihre wichtigsten blockierenden Glaubenssätze in Bezug auf Ihr Ziel in das Gegenteil und machen Sie daraus unterstützende, stärkende und fördernde Glaubenssätze, die Sie voranbringen.

Sie beseitigen damit dauerhaft Ihre inneren Saboteure, die Sie sonst sehr wahrscheinlich noch viele Jahre davon abhalten werden, Ihr Ziel zu erreichen.

Schritt 3: Der vergessene Erfolgsfaktor für die Zielerreichung

Neben der Unterschätzung und Vernachlässigung der inneren Blockaden gibt es noch einen weiteren wesentlichen Grund, warum Menschen ihre Ziele und Visionen im Leben nicht erreichen.

Viele Autoren und Coaches leiten ihre Leser und Klienten an, sich eine Vision von einem perfekten Leben zu erschaffen (was ohne Frage essenziell wichtig ist) und vergessen darüber den pragmatischen Part.

Und dieser ist:

Wir zahlen für alles im Leben einen Preis! Auch für unser Ziel. Und diesen Preis müssen wir kennen, UND wissen, wie wir ihn bezahlen wollen, bevor wir uns für unser Ziel entscheiden können!

Wir bezahlen diesen Preis in verschiedenen Währungen: In Form von Mühe, unsere inneren Blockaden zu überwinden (wie Sie das tun können, haben Sie im letzten Kapitel erfahren).

Aber wir bezahlen ihn auch in Form von Geld, von Zeit, von Aufmerksamkeit, von Zuwendung, von Energie, von Mühe, die wir für das aufbringen, für das wir uns entschieden haben, von emotionalen Risiken, die wir eingehen, von Kompromissen, und in Form von Verzicht auf andere Optionen und Alternativen, die für uns nicht länger verfügbar sein werden, wenn wir erst einmal unser Ziel erreicht haben.

Und nun kommt ein ganz wichtiger Punkt:

Solange Sie den **gesamten Preis** für Ihr Ziel nicht kennen, werden Sie sich nie dazu überwinden können, große Veränderungen in Ihrem Leben vorzunehmen, weil Sie schlicht nicht wissen, wie hoch der Preis in der Zukunft dafür sein wird und ob Sie ihn überhaupt bezahlen können (und wollen).

Sie kaufen ja auch nichts – und wenn es Ihnen auch noch so gut gefällt – für das Sie den Preis in den kommenden Jahren in Raten abbezahlen müssen, der Ihnen zum Zeitpunkt des Kaufes völlig unbekannt ist. Das Risiko ist einfach zu hoch.

Hier müssen Sie also zu Beginn ganz strategisch etwas mehr Licht ins Dunkel bringen und über wichtige Punkte vorab Klarheit gewinnen. Und das ist gar nicht so schwer.

Der Preis für Ihr Ziel oder Ihre Vision im Leben setzt sich zusammen aus 2 wesentlichen Komponenten, mit denen Sie sich beschäftigen sollten, nachdem Sie Ihr Ziel erarbeitet haben. Dies gilt für alle größeren Ziele (auch für große Lebensträume), auf die man über längere Zeit hinarbeitet, die nicht ganz einfach zu erreichen sind und die man auch nicht mal schnell an einem Wochenende umsetzt.

1. Sie werden neue Dinge tun und (Neues) lernen müssen, und dadurch werden Sie mit der Zeit ein neuer Mensch werden. Die Frage ist: Was werden Sie über die nächsten Monate oder Jahre investieren müssen und möchten Sie das? Was werden Sie lernen und welche Fähigkeiten werden Sie aufbauen müssen? Und zu welchem Menschen werden Sie dadurch in den nächsten Jahren werden. Möchten Sie das?

2. Immer, wenn wir etwas leben oder haben, müssen wir auf viele andere Dinge verzichten. Wir können zwar, wenn wir geschickt sind, vieles im Leben miteinander kombinieren, aber wir können niemals alles leben und haben, schon gar nicht zur gleichen Zeit oder in der gleichen Lebensphase.

   Die Frage ist hier: Auf was müssen Sie verzichten, sobald Sie beginnen, Ihre Lebensvision zu leben? Seien Sie realistisch und ehrlich... Sind Sie sicher, dass Sie das möchten?

Um sich wirklich ENTSCHEIDEN zu können für die Vision, die Sie von Ihrem Ziel erschaffen haben, müssen Sie also zunächst ermitteln, wie hoch überhaupt der Preis ist, den Sie dafür bezahlen müssen. Und sich dann überlegen, ob und wie Sie das tun können.

Natürlich werden wir vorab nie ganz genau abschätzen können, wie hoch der Preis für unsere Entscheidung sein wird. Aber es gibt Anhaltspunkte und „Kosten“, die auf jeden Fall für Ihr Ziel anfallen werden, und es ist sehr wichtig für Ihre Motivation und Ihre innere Sicherheit, dass Sie diese Kosten schon vor dem Start überblicken können.

Deshalb möchte ich Ihnen nun 6 konkrete Aufgaben mitgeben, mit denen Sie den Preis für Ihr Ziel ermitteln und sich so Klarheit über die Kosten Ihrer Vision verschaffen können:

Aufgabe 1:

Nehmen Sie sich ein großes Blatt Papier und notieren Sie darauf in einer übersichtlichen Aufzählung alles, was Ihnen einfällt, worauf Sie in den nächsten 10 Jahren voraussichtlich werden verzichten müssen, falls Sie sich für Ihr Ziel entscheiden. Welche anderen Optionen fallen dann für Sie weg?

Aufgabe 2:

Zählen Sie dann bitte auf, was Sie ab jetzt LASSEN, was Sie beenden und loslassen müssen, und was Sie nicht mehr länger tun können, sobald Sie das Leben Ihrer Träume leben. Von was und von wem müssen Sie sich verabschieden? Was können Sie dann nicht mehr tun oder haben, was Sie im Moment vielleicht genießen?

Aufgabe 3:

Notieren Sie dann in einer dritten Aufzählung möglichst übersichtlich alle praktischen Fähigkeiten, die Sie neu lernen oder vertiefen müssten, um diese Vision glücklich leben zu können, und auch alles an theoretischem Wissen, das Sie noch benötigen würden und neu lernen oder sich aneignen müssten.

Wer besitzt und verkauft das Wissen, das Sie benötigen? Wo können Sie dieses Wissen für IHR Ziel ganz konkret einkaufen (recherchieren Sie dazu und machen Sie sich konkrete Notizen) und wo, mit wem und in welchen Situationen können Sie Ihre neu benötigten Fähigkeiten praktisch trainieren, um sie dann auch wirklich in der Praxis aufzubauen und zu festigen? Wieviel wird es Sie voraussichtlich kosten an Geld und Zeit, all das neu zu lernen? Seien Sie so konkret wie nur möglich.

Aufgabe 4:

Erstellen Sie nun eine vierte Liste und schreiben Sie auf, wieviel Zeit Sie aufbringen müssten, sobald Sie am Ziel sind, um Ihr neues Leben sinnvoll leben zu können.

Denken Sie sich dafür einmal wirklich in Ihr neues Leben hinein, und denken Sie an alle benötigten Stunden und Minuten, die sich über die Woche und den Monat aufsummieren würden, und die Sie sich nehmen oder freischaufeln müssten.

Aufgabe 5 (nur, falls Ihr Ziel an materielle Dinge gebunden ist. Bei immateriellen Zielen, zum Beispiel Ihrer persönlichen Traumbeziehung, können Sie die Aufgabe auslassen):

Wieviel Geld bräuchten Sie realistisch betrachtet, um Ihr Traumleben zu finanzieren?

Welche Dinge müssten Sie kaufen oder bezahlen können?

Wenn Ihre Vision zugleich Ihre Berufung ist, und Sie mit diesem neuen Beruf Geld verdienen müssten, wieviel Geld bräuchten Sie realistisch für eine erste Überbrückungszeit, und auch später, wenn Sie von Ihrer Berufung leben, um ein wunderbares Leben leben zu können?

Denken Sie bitte auch an alle Steuern, an Ihre Krankenversicherung und weitere nötige Versicherungen und an Ihre Vorsorge für die Rente.

Rechnen Sie einmal aus, was Ihr Traumleben tatsächlich kostet. Und seien Sie hier unbedingt realistisch und im Zweifel eher konservativ, rechnen Sie also damit, dass Sie eher etwas mehr Geld brauchen, als Sie jetzt annehmen, um später keine bösen Überraschungen zu erleben.

Aufgabe 6:

Fertigen Sie nun noch eine letzte Auflistung an und schreiben Sie darauf, mit welchen sozialen Widerständen Sie im schlimmsten Fall rechnen müssen, wenn Sie Ihr Ziel, so wie Sie es sich erträumen, wirklich leben würden...

Wer würde sich wahrscheinlich von Ihnen abwenden? Wer würde sich Sorgen um Sie machen? Wer würde Sie dafür verachten? Wer würde versuchen, Sie davon abzubringen oder es Ihnen ausreden? Wer würde vielleicht sogar ganz praktisch versuchen, Ihnen Ihren Traum kaputt zu machen und zu sabotieren? Wer würde mit Neid und Missgunst reagieren? Wer würde vermutlich hinter Ihrem Rücken über Sie lästern und schlecht über Sie und Ihren Traum reden? Wessen Unterstützung und Freundschaft oder gar „Liebe“ würden Sie eventuell verlieren?

Wie würden Ihr Partner, Ihre engere und weitere Familie, Ihre besten Freunde, Ihre Bekannten, Ihre Kollegen, Nachbarn und entfernten Bekannten auf Ihr neues Leben reagieren?

Gegen welche sozialen Widerstände werden Sie sich wappnen müssen, wenn Sie mit Ihrem Ziel plötzlich ernst machst?

Die Erfahrung zeigt, dass wir den Preis für ein wichtiges Ziel im Leben beim Thema Geld oft überschätzen und den Preis beim Thema soziale Widerstände häufig unterschätzen...

Es ist in der Praxis nämlich oft viel einfacher, einen bestimmten Geldbetrag aufzutreiben oder zu verdienen, den wir für unseren Traum benötigen, als wir zu Beginn glauben.

Andersherum sind wir jedoch oft enttäuscht, sobald wir die ersten negativen Reaktionen auf unser neues Leben von unserem Umfeld bekommen. Denn es sind leider oft auch Menschen dabei, von denen wir eine negative Reaktion nicht erwartet hätten.

Manchmal geben wir dem (zuvor unterschätzten) sozialen Druck dann nach und vergraben unseren Traum wieder...

Damit Ihnen das nicht passiert, möchte ich Sie schon jetzt „vorwarnen“ und Ihnen sagen, dass Sie damit rechnen sollten, Widerstände zu bekommen.

Viel besser, als ihnen nachzugeben und einzuknicken ist es, wenn es soweit ist, innerlich weiter an sich zu arbeiten und noch stärker und innerlich unabhängiger zu werden, um Ihren Zielen und Träumen in Leben treu bleiben zu können.

Wenn Sie eine größere Veränderung vornehmen, dann werden einige Menschen sich wahrscheinlich von Ihnen abwenden. Doch es werden neue Menschen in Ihr Leben kommen, wahrscheinlich aber nicht sofort. Machen Sie sich deshalb bereit, dass es hier vorübergehend eine Durststrecke geben kann...

Viele Menschen, die eine große, vielleicht sogar radikale Veränderung in ihrem Leben vorgenommen haben, um ihren Traum zu leben, berichten mir, dass diese „soziale Durststrecke“ (oft eine Zeit der Einsamkeit) für sie härter war, als die finanzielle Unsicherheit in der Anfangszeit. Doch sie berichten mir auch, dass ihnen diejenigen Menschen, die bei ihnen geblieben sind und an sie geglaubt haben, jetzt noch viel näher sind, als früher. Und dass die neuen Menschen, die anschließend in ihr Leben kamen, sie viel mehr so sehen und akzeptieren können, wie sie wirklich sind – oder wie sie geworden sind.

Dadurch wird der mutige Schritt vom angepassten Leben zum authentischen Leben – den nur starke Menschen wie Sie wirklich gehen - oft auch eine Prüfung für Ihr Umfeld, die die Menschen von Ihnen fortgehen lässt, die nicht zu Ihnen passen, und Sie mit tieferen und meist auch echteren Beziehungen auf einer neuen Ebene beschenkt.

Schritt 4: Die Macht einer klaren Entscheidung

Die Fähigkeit, schnell klare, harte und bedingungslose Entscheidungen für oder gegen Dinge, Menschen oder Möglichkeiten zu treffen und auch durchzuziehen, macht einen Menschen innerlich unbesiegbar stark. Und diese Fähigkeit lässt sich aufbauen.

Sie gehört unbedingt in Ihr Repertoire an neuen Fähigkeiten, wenn Sie mentale Stärke besitzen wollen. Und sie ist auch unverzichtbar für Sie, wenn Sie große Ziele im Leben erreichen wollen.

Je größer ein Ziel, desto klarer und bedingungsloser muss die Entscheidung sein, die Sie dafür treffen.

Doch wie tun wir das eigentlich am besten? Mit dem Kopf oder dem Herz? Oder mit dem Bauch?

Eine wichtige Entscheidung sollten wir aus dem Bauch heraus treffen, **nachdem** wir uns mit dem Verstand Klarheit über den Preis für unsere Entscheidung verschafft haben (siehe letztes Kapitel).

Eine klare und bedingungslose Entscheidung kennt nur JA oder NEIN, kein Vielleicht... Kein „wenn dieses oder jenes passiert“ oder „wenn die Umstände günstiger sind...“

Eine klare Entscheidung ist wie ein Fallschirmsprung: Es gibt keine ZURÜCK! Zumindest in Ihrem Kopf.

Keinen Plan B, keine Alternativen. Sie sind gesprungen und haben Ihre Entscheidung damit alternativlos werden lassen. Es geht ab diesem Punkt nur noch vorwärts. Und sollte Ihre Entscheidung sich als Fehler herausstellen, dann gehen Sie nicht zurück, sondern Sie treffen eine neue Entscheidung, springen wieder.... So lange, bis Sie dort ankommen, wo Sie hinwollen.

Warum ist eine echte, eine klare Entscheidung FÜR oder GEGEN etwas aber eigentlich so mächtig? Und warum ist sie umso mächtiger, je mehr wir uns bewusst (nachdem wir die Sache und den Preis dafür rational durchdacht haben) von allen anderen Alternativen verabschieden und einfach springen?

Sie ist es, weil eine echte Entscheidung die (Zer-)Streuung Ihres Fokus und Ihrer inneren und auch äußeren, körperlichen Kraft, die vorher während des Entscheidungsprozesses stattfindet, von einer Sekunde auf die andere beendet - und Ihre GESAMTE Energie und Ihren GESAMTEN Fokus plötzlich laserscharf auf einen einzigen Punkt konzentriert: Und zwar auf das, WOFÜR Sie sich entschieden haben.

Eine klare und definitive Entscheidung zu treffen ist so ein ungeheuer wirksames Instrument, um Ihren Fokus unter Kontrolle zu bringen und neu auszurichten.

Zudem steigern Sie damit die Wahrscheinlichkeit, dass Sie das erreichen, was Sie haben wollen, enorm, denn erstens wächst das, worauf wir unsere Aufmerksamkeit richten. Und zweitens ist Erfolg die Konzentration von Energie!

Je schärfer wir unsere Energie (unseren Fokus) ungeteilt auf einen Punkt richten, desto mehr können wir unsere Realität verändern. So wie Licht in der hochkonzentrierten Form eines Laserstrahls eine enorme Kraft entwickelt, während es seine Leuchtkraft nahezu verliert, wenn es diffus auf verschiedene Ecken eines riesigen Raumes verteilt ist, die es alle zugleich beleuchten soll.

Wenn wir uns klar und alternativlos für ein Ziel oder ein Lebenskonzept entscheiden, dann werden unsere gesamten Kräfte mobilisiert und ganz darauf ausgerichtet, und sie stehen uns voll zur Verfügung, um die notwenigen Veränderungen vorzunehmen.

Erfolgreiche Menschen und mental starke Menschen treffen Entscheidungen schnell und stellen sie danach NICHT mehr in Frage!

Ab dem Punkt einer getroffenen Entscheidung fragen sie sich NIE mehr, OB sie richtig entschieden haben, oder OB sie erreichen können, wofür sie sich entschieden haben, sondern sie fragen sich nur noch, WIE sie es erreichen können.

Wenn sie feststellen, dass ihre Entscheidung falsch war, oder sie nicht glücklich macht, dann stellen sie trotzdem nicht ihre Entscheidung in Frage, denn sie wären an dem Punkt dieser Erkenntnis nicht angekommen, wenn sie ihre Entscheidung nicht getroffen hätten, sondern sie treffen eine NEUE Entscheidung!

So müssen sie vielleicht immer wieder Korrekturen auf ihrem Weg vornehmen, manchmal werden sie vielleicht auch durch eine ungünstige Entscheidung zurückgeworfen, aber SIE GEHEN WEITER UND TREFFEN SOLANGE NEUE ENTSCHEIDUNGEN, UND FINDEN WEGE, SIE UMZUSETZEN, BIS SIE DA ANKOMMEN, WO SIE HINWOLLEN.

Der Erfolglose und mental Schwache investiert seine Energie in Grübeln (soll ich oder soll ich nicht.... Kann ich das...?). Der Erfolgreiche und mental Starke investiert seine Energie in Handeln (WIE komme ich am besten und am schnellsten dorthin...? WIE Schaffe ich das...?).

Beide haben am Ende die gleiche Menge an Energie verbraucht, aber der Erfolglose kann nirgendwo ankommen, weil er nie losgelaufen ist - während der Erfolgreiche bereit ist, sein ganzes Leben lang zu laufen und deshalb auch immer irgendwo ankommt...

Entscheiden Sie aus dem Bauch heraus!

Die Werbeindustrie weiß längst, dass wir Entscheidungen immer nach dem Gefühl treffen, und sie DANACH vor uns selbst mit dem Verstand rechtfertigen, bevor wir sie aussprechen.

Ich möchte Sie jetzt dazu einladen, mit mir gemeinsam den nächsten Schritt zu Ihrem Ziel zu gehen, ernst zu machen, und IHRE Entscheidung zu treffen!

Vielleicht wird das die erste ECHTE und BEDINGUNGSLOSE Entscheidung Ihres Lebens...

Ich kann Ihnen versichern: Sie wird Sie unglaublich stark machen!

Sie haben sich nun Ihr Ziel gesetzt, es klar formuliert, blockierende Glaubenssätze beseitigt, sich ein dazu passendes Selbstbild aufgebaut und sich einen Überblick über den Preis, also die „Kosten“ Ihres Ziels verschafft.

Jetzt ist es Zeit für eine Entscheidung:

Möchten Sie den mutigen Schritt gehen und Ihr Leben ganz nach Ihrem neuen Ziel ausrichten? Möchten Sie sich ihm ganz hingeben?

Oder möchten Sie das nicht?

Sie sind vollkommen frei!

Sie können JA und Sie können auch NEIN sagen.

Beides ist absolut okay!

Ja, Sie können sich auch dagegen entscheiden! Und Sie können dann eine neue Vision in Ihrem Geist erschaffen, sich ein neues, attraktives Ziel setzen und sich die gleiche Frage wieder stellen... So lange, bis Sie eine Vision für sich gefunden haben, FÜR DIE SIE EINE KLARE ENTSCHEIDUNG TREFFEN WOLLEN!

Ihre Entscheidung sollte entweder ein GANZ KLARES JA sein – oder ein NEIN...

Warum ist es aber so wichtig, dass Sie sich JETZT klar entscheiden?

Warum können Sie nicht einfach noch ein Weilchen darüber nachdenken, noch ein paar Nächte darüber schlafen und noch ein wenig grübeln?

Die Antwort lautet:

Solange Sie sich NICHT entscheiden, entscheiden Sie sich für den Zustand der Unentschlossenheit. Und dieser Zustand ist ein Zustand, der extrem viel Energie und Kraft kostet, und deshalb stark belastet. Für den Sie also in Wahrheit den höchsten Preis von allen Szenarien bezahlen. Die meisten Menschen spüren das, verstehen es aber nicht.

Auch wenn wir uns im Zustand der Unentschlossenheit bewusst vom Thema ablenken, so beschäftigen wir uns unbewusst permanent mit unserer anstehenden Entscheidung und den Alternativen, denn solange wir uns noch nicht FÜR oder gegen eine Sache entschieden haben, jedoch wissen, dass wir eine Entscheidung zu treffen haben oder treffen wollen, wägen wir permanent alle Alternativen miteinander ab, springen zwischen Für- und Wider-Argumenten hin und her, geben uns falschen blockierenden und angstfördernden Gedanken hin wie „Schaffe ich das....?“, anstatt uns die richtige Frage zu stellen, welche lautet: „WIE schaffe ich das...?“, und wir zerstreuen auf diese Weise unseren Fokus immer mehr und verlieren immer mehr Kraft, je weiter wir unseren Entscheidungsprozess in die Länge ziehen.

Damit schaden wir uns gleich doppelt, denn dadurch fällt es uns mit der Zeit in Wahrheit nicht leichter, sondern immer schwerer, eine gute Entscheidung für uns zu treffen.

Erstens, weil wir uns durch entmutigende Fragen und Zweifel im Prozess oft immer weiter selbst schwächen, und unser Bild von uns selbst durch Zweifel immer weiter negativ verzerren.

Und zweitens, weil wir durch das viele gedankliche Hin und Her Springen immer weniger klar sehen können, und den Überblick, den nötigen Abstand, sowie auch unsere Konzentration und Kraft immer mehr verlieren.

Es ist deshalb ratsam, Entscheidungen schnell zu treffen!

Auch müssen Sie wissen, dass wir in der Grübelphase, wenn wir uns in Gedanken „Im Kreis drehen" ab einem gewissen Punkt keinerlei neue Informationen mehr aufnehmen, sodass Grübeln, nachdem wir bereits alle Argumente, die Kosten und auch den potenziellen Gewinn unserer Entscheidung durchgedacht haben, keinerlei zusätzlich Wert mehr für unseren Entscheidungsprozess bringt. Da es uns aber so schadet, und so viel Kraft nimmt, sollten wir es uns verbieten und uns dazu überwinden, unsere Entscheidung zu treffen.

An dieser Stelle möchte ich Ihnen jedoch einen wichtigen Hinweis geben:

Entscheidungen SCHNELL und eindeutig zu treffen und sich für sie zu verpflichten, heißt NICHT, die anstehende Umsetzung ebenso SCHNELL und radikal oder gar übereilt und ohne Rücksicht auf Verluste vorzunehmen.

Der Prozess der Umsetzung ist anders als der der Entscheidung ein Prozess der bedachten Planung, für die wir wieder unseren Verstand einsetzen sollten, um uns – gerade bei großen Entscheidungen – eine Umsetzung zu gönnen, die für uns selbst und andere Betroffene zwar konsequent, aber WEICH und mit möglichst wenig Reibung und Risiko verbunden abläuft, und dafür kann (muss aber nicht) es manchmal sinnvoll sein, die Umsetzung LANGSAMER vorzunehmen, als wir es uns wünschen würden.

Wichtig ist jedoch, dass wir unsere ENTSCHEIDUNG schnell treffen, und dann auch sofort mit dem ersten Schritt der Umsetzung anfangen, um das Momentum an Kraft, die durch unsere Entscheidung freigesetzt wird, nicht zu verlieren.

Lassen Sie uns nun also Ernst machen. Sie haben doch die letzten Schritte in diesem Teil des Buches umgesetzt, sich ein wirklich attraktives Ziel gesetzt, die inneren Blockaden beseitigt und parallel dazu den Preis für Ihr Ziel ermittelt?

Dann treffen Sie jetzt bitte Ihre Entscheidung. Innerhalb von wenigen Sekunden!

(und schreibe Sie Ihre Antwort in EINEM Wort auf):

Denken Sie jetzt bitte an Ihr Ziel, so wie Sie es aufgeschrieben haben.

Wollen Sie sich GANZ für dieses Ziel entscheiden?

Mit allen Konsequenzen?

Wollen Sie sich jetzt für Ihr neues Leben entscheiden?

JA ODER NEIN?

Schritt 5: Wie die richtige Art zu visualisieren Ihren Geist präzise auf Ihr Ziel ausrichtet

Sie haben nun Ihr Ziel formuliert und klar vor Augen. Sie wissen, was Sie wollen. Sie kennen den Preis für Ihr Ziel, haben sich von sabotierenden Glaubenssätzen befreit und Sie haben eine Entscheidung für Ihr Ziel getroffen!

Falls Sie sich für Nein entschieden haben, setzen Sie sich ein neues Ziel und tun Sie das solange, bis Sie eines finden, FÜR das Sie ein ernst gemeintes, klares JA geben können.

Wir kommen nun zu einem besonders angenehmen und ebenfalls wichtigsten Schritt, um Ihr Ziel zu erreichen und Ihren Wunsch Wirklichkeit werden zu lassen. Dem regelmäßigen Visualisieren, also dem genauen gedanklichen Vorstellen Ihres Ziels.

Die Kunst des erfolgreichen Visualisierens zu beherrschen, ist aus zweifacher Sicht wichtig, wenn Sie mentale Stärke aufbauen wollen.

Denn erstens ist das Visualisieren eine sehr wirkungsvolle Methode, um Ihren Geist zu steuern und ihn gezielt auf eine bestimmte Sache auszurichten. Sie wirkt ähnlich wie die Fragetechniken aus Teil I des Buches so, dass Sie Ihre Aufmerksamkeit und Ihre Gedanken bewusst in eine gewünschte Richtung lenkt und Ihnen damit die Macht gibt, Ihre Gedanken und Ihr Leben nach Ihren eigenen Wünschen auszurichten. Und Sie wissen ja: Energie folgt

Aufmerksamkeit. Und das, worauf Sie Ihre Aufmerksamkeit richten, wächst.

Und zweitens erhöht das regelmäßige Visualisieren die Wahrscheinlichkeit, dass Sie Ihre Ziele erreichen, enorm. Warum erfahren Sie im nächsten Absatz. Und mit jedem erreichten Ziel wachsen Ihre Selbstwirksamkeit und Ihr Selbstvertrauen und Sie fühlen sich innerlich immer stärker.

Beim Visualisieren machen wir uns das ausgesprochen wirksame natürliche Gesetz der Anziehung zunutze, das besagt, das immer das zusammenfindet, was in der gleichen energetischen Frequenz schwingt.

Auch Gedanken haben eine bestimmte Schwingung... Wir ziehen deshalb im Leben das an, was wir sind und was wir denken – oder etwas, das unserer energetischen Schwingung ähnlich ist.

Wenn wir also ein Ziel erreichen wollen, dann ist es sehr hilfreich, in vielen Fällen sogar unerlässlich, dass wir uns das, was wir uns wünschen, immer wieder intensiv vorstellen, um uns bereits vorab in die Schwingung zu bringen, mit der wir das anziehen, was wir wollen.

Das kann ein Ziel auf allen Ebenen sein, von einem bestimmten Job, einer körperlichen Veränderung, der Traumbeziehung, einem neuen Freundeskreis bis hin zu einem neuen Lebensgefühl und einer neuen inneren Haltung.

Aber wie visualisiert man eigentlich ein Ziel oder einen Wunsch? Was muss man dabei beachten damit er sich auch erfüllt? Und was kann ich tun, wenn in meinem Kopf einfach keine Bilder von meinem Ziel auftauchen wollen?

Viele Menschen setzen sich beim Visualisieren unter Druck oder haben Angst, etwas falsch zu machen, vor allem dann, wenn es nicht sofort klappt.

Ich möchte Ihnen zunächst einmal Ihre Sorge nehmen:

Jeder Mensch kann visualisieren! Und die „Blockade" die manche Menschen dabei verspüren hat einen ganz bestimmten Grund, für den ich Ihnen auf den folgenden Seiten eine Lösung zeigen werde.

Entspannen Sie sich also ruhig und vertrauen Sie Ihrer Fähigkeit, zu visualisieren. Denn wie bei jeder Fähigkeit gilt auch hier:

Wenn wir nicht darin geübt sind, so dürfen wir ruhig etwas geduldig mit uns selbst sein. Eine Fähigkeit baut man auf durch regelmäßiges Training... Und je öfter wir trainieren, desto besser und leichter klappt es. Das ist ganz normal.

Stellen Sie sich ein Kind vor, das gerade laufen lernt und dabei immer wieder hinfällt. Würden Sie diesem Kind sagen: Ach, das hat keinen Sinn. Du kannst offenbar einfach nicht laufen, lass es gut sein und bleib einfach sitzen... ? Natürlich nicht! Das Kind fällt so oft hin und versucht es wieder, bis es laufen kann. Eine Alternative gibt es nicht. Und genauso sollten Sie beim Visualisieren vorgehen:

Tun Sie es jeden Tag immer und immer wieder, bis es langsam aber sicher beginnt zu klappen und Sie in das entsprechende Gefühl, in die Schwingung, kommen, die wir in Ihnen erzeugen wollen, um Ihren Wunsch in Ihr Leben zu ziehen.

Wenn Sie also feststellen sollten, dass Sie bei den ersten Versuchen Schwierigkeiten mit dem Visualisieren haben, dann ist das nicht ein Grund damit aufzuhören, sondern es ist ein Grund, damit anzufangen!! Ja genau, mit dem Üben anzufangen. Denn Sie müssen Ihre Fähigkeit zu visualisieren erst aufbauen... Von nichts kommt nichts ☺

Aber wie visualisiert man nun richtig? Also so, dass Sie auch wirklich das in Ihr Leben ziehen was Sie sich wünschen?

Dafür gibt es nur ein einziges, aber ganz entscheidendes Kriterium, auf das Sie achten sollten. Wenn Sie diese eine Sache beachten und mit etwas Übung auch hervorrufen, dann wird Ihr Visualisierungsritual alle Fülle in Ihr Leben ziehen, die Sie sich nur vorstellen können.

Sie werden gleich erfahren, was diese eine Sache ist. Zunächst eine kleine allgemeine Anleitung zum Visualisieren:

Machen Sie das Visualisieren zu einem kleinen, täglichen Ritual.

Nehmen Sie sich jeden Morgen oder Abend ein paar Minuten Zeit, in denen Sie ungestört sind und schalten Sie Ihr Telefon aus.

Sie können im Liegen oder auch im Sitzen visualisieren. Ich persönlich visualisiere im Sitzen, da ich im Liegen manchmal einschlafe.

Schließen Sie die Augen, verfolgen Sie eine Weile lang Ihren Atem und lassen Sie sich in den Rhythmus Ihres Atems fallen, bis Sie innerlich ruhig werden. Sie können dann rückwärts von 10 bis 1 zählen.

Denken Sie nun an Ihr Ziel, das Sie sich aufgeschrieben haben und stellen Sie sich vor, Sie wären jetzt bereits in genau dieser Situation.

Sehen Sie sich selbst, Ihre Umgebung und andere Menschen, falls sie Teil Ihrer Vision sind, genau vor sich, hören Sie die Stimmen, nehmen Sie die Details Ihrer Umgebung wahr, riechen Sie die Gerüche um Sie herum und achten Sie auf das Licht in dieser Situation. Fühlen Sie Berührungen und nehmen Sie Ihren eigenen Körper in Ihrem Wunschzustand wahr. Stellen Sie sich die schönsten Aspekte und Momente Ihres Ziels so bildhaft und so intensiv vor, wie Sie nur können - und ERLAUBEN SIE ES SICH, die Situation zu genießen und sich ganz in die Situation hinein fallen zu lassen!

Wenn Sie sich nicht sicher sind, welche Teilaspekte oder Momente und Ausschnitte Ihrer Vision Sie sich vorstellen sollen, dann wählen Sie diejenigen Aspekte aus, die Ihnen jetzt im Moment gerade am angenehmsten sind und in Ihnen die schönsten Gefühle hervorrufen.

Und dann gehen Sie den entscheidenden EINEN Schritt, der dafür sorgt, dass Ihr tägliches Visualisieren Ihren Wunsch auch wirklich in Ihr Leben ziehen kann:

Die EINE Sache die Sie beim Visualisieren beachten müssen

Erschaffen Sie aus dem Gedanken an Ihre Vision starke und tiefe Emotionen auf emotionaler und körperlicher Ebene! Denn genau die verändern Ihre Schwingung und bringen Sie in die Vibration des Gewünschten, sodass das Gesetz der Anziehung seine Wirkung entfalten kann.

Halten Sie dafür weiter die Augen geschlossen und fühlen Sie sich noch tiefer in den Zustand hinein, in dem Sie das, was Sie sich wünschen, mit voller Aufmerksamkeit tun, sind, oder nutzen, den Moment ganz und gar genießen und dabei große Freude erleben!

Malen Sie sich die Situation in schillernden Farben aus und spüren Sie sich selbst in der Situation noch stärker mit allen Details, bis wirklich starke Emotionen in Ihnen entstehen, die Sie sogar körperlich spüren.

Wenn Sie sich zum Beispiel eine tiefe Beziehung zu einem Menschen wünschen, dann spüren und sehen Sie diesen Menschen vor sich, mit seinem Energiefeld, seiner Ausdrucksweise, seiner Gestik und Mimik, seinen Augen, sehen Sie seinen inneren Kern, sein Wesen, spüren Sie intensiv Ihre Liebe zu diesem Menschen, spüren Sie, wie Sie ihn in den Arm nehmen und sein Herz schlagen spüren...

Stellen Sie sich diese Situation ganz konzentriert für wenige Minuten so intensiv vor, dass wirklich starke Emotionen in Ihnen entstehen.

Und FREUEN Sie sich wirklich tief über das, was Sie sich vorstellen.

Seien Sie mutig, öffnen Sie sich für diese paar Minuten ganz und lassen Sie sich ganz und gar von diesem wundervollen Gefühl durchströmen und erfüllen! Unser Körper reagiert darauf mit der Ausschüttung von Glückshormonen, mit einem Kribbeln im Bauch, mit Herzklopfen, Gänsehaut, erweiterten Pupillen oder anderen Symptomen...

Und genau das ist der EINE entscheidende Trick, mit dem Sie durch Visualisieren verbunden mit einem Gefühl der unbändigen Freude und tiefen Erfüllung das in Ihr Leben ziehen, was Sie sich wünschen, und dadurch wirklich erfolgreich werden:

Es reicht nicht, nur an Ihre Vision zu DENKEN:

Sie müssen sie FÜHLEN! Emotional und körperlich!

Nur durch starke Emotionen erhöhen Sie Ihre Körperfrequenz so, dass Sie im Außen durch das Gesetz der Anziehung genau diese Fülle anziehen.

Mein Tipp für Sie an dieser Stelle:

Testen Sie dieses Visualisierungs-Ritual wie beschrieben für Ihr persönliches Ziel (5-10 Minuten täglich) für 30 Tage und beobachten Sie, wie sich Ihr Leben bereits in dieser kurzen Zeit auch im Außen verändert.

Machen Sie sich Notizen zu Beginn und auch zum Ende der 30 Tage, um Ihr Leben vorher und nachher zu vergleichen.

Werten Sie nach 30 Tagen die Veränderungen aus, die sich in Ihrem Leben bereits nach dieser ersten Anfangsphase eingestellt haben. Wieviel näher sind Sie Ihrem Ziel in dieser Zeit gekommen? Sie werden überrascht sein!

Aber:

Sie müssen Ihr Visualisierungs-Ritual in diesen 30 Tagen wirklich JEDEN Tag durchführen, auch wenn Sie müde oder „nicht in der Stimmung" sind. Die 10 Minuten müssen Sie sich nehmen! UND Sie müssen sich wirklich jeden Tag auf die starken Emotionen einlassen (wenn auch immer nur für ein paar Minuten).

Nur dann wird es funktionieren...

Wenn Sie das jedoch tun, dann wird Ihre Vision eine enorme Sogkraft für Sie entwickeln und in einer überraschenden Geschwindigkeit Fülle, Freude, Liebe, inneren und äußeren Reichtum im Überfluss und all das was Sie sich wünschen in Ihr Leben ziehen.

Visualisierung so angewendet wird Ihr Leben mit einer enormen Kraft revolutionieren und auf eine ganz neue Stufe bringen.

Probieren Sie es aus!

Machen Sie sich auch keine Gedanken darüber, welches starke Gefühl Sie in sich hervorrufen müssen, um in den richtigen Schwingungszustand zu gelangen, der Ihren Wunsch anzieht.

Es funktioniert ganz von selbst: Sie müssen einfach nur genau das fühlen, was Sie fühlen werden, wenn Ihr Wunsch Wirklichkeit geworden ist. Deshalb reicht es aus, wenn Sie sich eben genau diese Situation vorstellen und Sie werden automatisch in die passende Schwingung gelangen...

Was, wenn ich mir keine Bilder vorstellen kann?

Ich möchte Ihnen an dieser Stelle noch eine wichtige Information geben für Menschen, die sich grundsätzlich mit dem Abrufen von inneren Bildern schwer tun und von sich sagen: Ich kann nicht visualisieren.

Das klassische Visualisieren ist das bewusste Hervorrufen von inneren Bildern. Doch wir Menschen denken unterschiedlich. Es gibt Menschen, die eher in Bildern denken und andere, die eher in Informationen, Worten oder Zahlen denken, bei denen also kein genaues lebendiges Bild im Kopf entsteht, wenn sie an eine Situation denken. Vielleicht gehören Sie auch zu diesen Menschen? Dann kann ich Sie beruhigen.

Das ist ÜBERHAUPT KEIN PROBLEM!

Entscheidend dafür, dass sich unsere Wünsche manifestieren ist, wie Sie nun wissen, dass wir ein starkes GEFÜHL in uns selbst hervorrufen, das uns in den entsprechenden Schwingungszustand versetzt der mit dem in Resonanz geht, was wir haben wollen.

Es spielt dabei keine Rolle, ob dieses intensive Gefühl während des Visualisierens durch innere Bilder hervorgerufen wird, oder durch Worte und intensive Gedanken an unseren Wunsch.

Wenn Sie also zu den Menschen gehören, die weniger in Bildern denken, dann denken Sie einfach beim „Visualisieren“ sehr intensiv an Ihren Wunsch, holen Sie sich alle Details zu Ihrem Wunsch in Form von Wörtern, Sätzen oder Informationen ins Bewusstsein und tun Sie das während der 5-10 Minuten so lange und immer wieder, bis das starke positive Gefühl in Ihnen entsteht, das wir erzeugen wollen.

Warum uns Visualisieren in Wahrheit oft schwer fällt

Vielen Menschen fällt es dennoch schwer zu visualisieren, und zwar auch dann, wenn sie in Bildern denken.

Wenn es Ihnen auch so gehen sollte, dann kann ich Sie auch hier wieder beruhigen.

Wenn Sie sich mit Leichtigkeit bereits in allen Details vorstellen könnten, was Sie sich wünschen, dann hätten Sie es sehr wahrscheinlich schon in Ihrem Leben!

Schwierigkeiten beim Visualisieren treten besonders häufig bei Menschen mit Konzentrationsproblemen auf. Sie setzen sich hin, schließen die Augen und versuchen sich ihr Ziel vorzustellen, aber es will und will einfach nicht vor ihrem inneren Auge auftauchen. Stattdessen kommen ihnen Gedanken in den Kopf an einen Termin am Abend für den sie noch etwas vorbereiten müssen, daran, was sie noch einkaufen wollten, an den Streit mit dem Partner oder die Kritik vom Chef am Montag...

Andere Menschen verspüren just in dem Moment, an dem sie anfangen wollen sich ihr Ziel vorzustellen, den starken Drang, sich abzulenken, zu essen, noch schnell etwas zu erledigen, eben noch mal die Mails zu checken oder zu schlafen. Auch dies ist ein Hinweis darauf, dass Sie noch nicht für ihre Wünsche bereit sind und unbewusst verhindern wollen, dass sie sich manifestieren.

Hinter diesem unbewussten Mechanismus, unser Ziel doch noch für eine Weile von uns fern zu halten und es uns lieber für später aufzubewahren steckt oft – in Gestalt von Angst vor einer Veränderung – der Gedanke, dass das, was wir uns wünschen, nicht sicher sein könnte oder wir nicht mit der Situation umgehen könnten, oder dass wir einfach noch nicht bereit sind unser Leben zu verändern, weil wir nicht absehen können, welche Konsequenzen die Veränderung für uns hätte. An dieser Stelle zeigen sich also noch einmal neue verhindernde Glaubenssätze in uns und blockieren unser Vorhaben.

Doch dafür gibt es eine denkbar einfache sowie naheliegende Lösung, die erstaunlicherweise in keinem Visualisierungsbuch steht. Ein „Trick", der Sie auf natürliche und angenehme Weise von Ihrer Angst vor der Veränderung befreit...

Der einfachste Trick der Welt, mit dem Visualisieren leicht wird

Da wir alles in unserem Leben zwei Mal erschaffen – zuerst im Geist, während wir es visualisieren – und dann in der Realität, indem wir uns automatisch anders verhalten sobald wir in einem anderen Schwingungszustand sind – müssen wir bereits im ERSTEN Schritt – nämlich bei der Visualisierung – das tun, was viele erst im Stadium der tatsächlichen Veränderung in ihrem Leben für notwendig halten:

Wir müssen uns die Chance geben, uns an die Veränderung zu gewöhnen! In kleinen Schritten, Stück für Stück, immer so viel, wie wir es schaffen. Ja, wir dürfen uns an das was wir uns wünschen, GEWÖHNEN!

Und zwar schon jetzt – im Stadium der Erschaffung auf der geistigen Ebene.

Denn mit einer neuen Realität (ob im Kopf oder real) umgehen zu können ist eine Leistung! Sie springen ja auch nicht gleich vom 10 Meter Brett wenn Sie das noch nie gemacht haben sondern starten wahrscheinlich zunächst mit dem 3 Meter Brett, einfach weil Ihre Angst dort kleiner ist und Sie sich eher vorstellen können, diesen Sprung zu meistern.

Wie können Sie das praktisch tun?

Ganz einfach: Wenn Sie Schwierigkeiten haben, Ihren Wunsch zu visualisieren oder die oben beschriebenen ablenkenden „Symptome" bei sich bemerken, dann stellen

Sie sich Ihren Traum so vor, dass er Ihrer aktuellen Realität etwas näher ist. Sie können sich auch nur Teilaspekte davon vorstellen. Nämlich die Teilaspekte, die Sie jetzt schon anzunehmen bereit wären, mit denen Sie jetzt schon umgehen könnten.

Gehen Sie hier strategisch vor und gönnen Sie sich eine 10 Tages-Gewöhnungsphase:

Während der ersten 10 Tage des Visualisierens steigern Sie sich jeden Tag ein kleines Stück. Sie beginnen mit den Aspekten Ihres Traums, die Sie sich bereits gut vorstellen können und die Ihnen nicht ganz so unerreichbar erscheinen und visualisieren diese am Morgen und am Abend. Am nächsten Tag packen Sie einen oder mehrere zusätzliche kleine Aspekte Ihres Traums in Ihre Vision dazu und stellen sich ein bereits etwas größeres Bild vor. Immer nur genau so viel, wie Sie auch aushalten und gedanklich „zulassen" können...

So steigern Sie sich 10 Tage lang immer so, wie es Ihnen gut tut und möglich ist, bis Sie am Ende der 10 Tage Ihre ganze Vision vor Ihrem geistigen Auge entstehen lassen können, ohne unbewusst Angst zu bekommen und sich ablenken zu müssen.

Danach visualisieren Sie täglich jeden Morgen und jeden Abend so wie oben beschrieben und zwar so lange, bis Ihr Wunsch sich in Ihrem Leben manifestiert hat.

Wenn Sie mehr über die Kunst des erfolgreichen Visualisierens und das erstaunlich machtvolle Gesetz der

Anziehung erfahren wollen, dann empfehle ich Ihnen auch mein großes Praxisbuch zum Gesetz der Anziehung.

Teil VI: So bauen Sie echtes Selbstvertrauen auf

Kommen wir nun zur letzten wichtigen Säule, die Sie aufbauen sollten, um mentale Stärke zu erlangen. Bei dieser Säule handelt es sich um ein felsenfestes und unerschütterliches Selbstvertrauen, das Sie wie ein Fels in der Brandung stehen und die Stürme des Lebens überstehen lässt, ohne zu fallen. Und das Ihnen die Kraft, die Zuversicht und die Fähigkeit verleiht, sich vom Leben das zu holen, was Sie haben wollen.

Unser Selbstvertrauen ist unser Vertrauen in unsere eigenen Kräfte, in unsere Fähigkeiten und Kompetenzen, Ansprüche erfüllen, Erfolge erzielen, Ziele erreichen, Herausforderungen meistern, Probleme lösen und mit anderen Menschen (und Situationen) umgehen zu können.

Ich werde Ihnen in diesem 6. Teil des Buches mein wirkungsvollstes Programm vorstellen, mit dem Sie Ihr Vertrauen in sich selbst geradezu explodieren lassen. Es handelt sich um eine nahezu unbekannte Methode, die Sie in anderen Büchern zum Thema nicht finden werden.

Zunächst müssen Sie wissen, dass es sich bei unserem Selbstvertrauen letztlich um einen Glaubenssatz handelt, der sich auf uns selbst und unsere Fähigkeiten bezieht. Was trauen wir uns wirklich zu? Was glauben wir, können wir meistern? Was denken wir wirklich über uns selbst?

Und wie jeder andere Glaubenssatz verändert auch unser Selbstvertrauen sich nicht, wenn wir uns einfach nur immer wieder selbst vorsagen, wie großartig wir sind. Wir müssen uns selbst Beweise liefern, um unsere Bewertung unserer Fähigkeiten und damit unsere Gedanken über uns selbst wirklich dauerhaft und echt zu verändern. Und ich werde Ihnen in meinem nun folgenden Programm eine ganz spezielle Form von Beweisen vorstellen, die in ihrer positiven Wirkung auf Ihr Selbstvertrauen enorm stark sind. Sie sollten unbedingt mit diesen Beweisen arbeiten, wenn Sie eine echte Veränderung erzielen wollen.

Unser Selbstvertrauen entsteht aus der Summe der Erfahrungen, die wir in der Vergangenheit mit unseren eigenen Fähigkeiten gemacht haben.

So ist es gut möglich, dass wir in einem Lebensbereich, in dem wir bereits viele Erfolge sammeln konnten (weil wir vielleicht gute Ausgangsbedingungen hatten), ein starkes Selbstvertrauen entwickelt haben, und in anderen Bereichen (in denen wir vielleicht wenig optimale Ausgangsbedingungen hatten) kaum Erfolge erzielen konnten und daher ein schwaches Selbstvertrauen haben.

Unser Selbstvertrauen hat also bei weitem nicht nur mit unseren tatsächlichen Kompetenzen oder Talenten zu tun, sondern vielmehr mit den Erfahrungen, die wir bisher gesammelt und in unserem Gedächtnis abgespeichert haben.

Wie bereits erwähnt, handelt es sich also auch hier um einen Glaubenssatz – eine Überzeugung über uns selbst und unsere Fähigkeiten – der durch Beweise (vergangene

Erfahrungen) entstanden ist und den wir durch neue Beweise verändern können.

Wenn wir unser Selbstvertrauen aufbauen wollen, müssen wir deshalb dafür sorgen, in dem betreffenden Bereich Erfolge zu sammeln, und dadurch unsere negativen Glaubenssätze korrigieren, und zwar so lange, bis wir echtes und stabiles Vertrauen in unsere Fähigkeit aufgebaut haben und Erfolg geradezu erwarten.

Wie Sie das praktisch tun können, erfahren Sie auf den folgenden Seiten in einem meiner wirkungsvollsten 30 Tage Praxisprogramme. Arbeiten Sie damit gerne parallel, vor oder nach den anderen Programmen in diesem Buch, ganz wie Sie es möchten und je nachdem, wieviel Zeit Sie für Ihr inneres Wachstum investieren wollen und können.

Sie dürfen sich auf eine massive Veränderung freuen:

Nachdem Sie das folgende Programm umgesetzt haben, werden Sie mit einer starken inneren Kraft sehr selbstsicher durchs Leben gehen. Sie werden ein natürliches gesundes Selbstvertrauen in Form eines felsenfesten Vertrauens in sich und Ihre eigenen Kräfte aufgebaut haben.

Sie werden frei und unabhängig von Ihrem Umfeld und von äußeren Umständen werden und sich ganz auf sich selbst verlassen. Und Sie werden sich vollkommen anders fühlen als heute und auch so anders auf andere Menschen wirken, dass Sie darauf angesprochen werden!

Sie werden endlich stolz und offen auf andere Menschen zu und durch das Leben gehen und sich das vom Leben nehmen KÖNNEN, was Sie sich wirklich wünschen!

Lassen Sie uns also beginnen!

Das Geheimnis echten Selbstvertrauens

Es gibt eine Abkürzung zu einem extrem starken Selbstvertrauen. Sie besteht aus drei Schritten und sie kann Sie und Ihr Leben vollkommen verändern, ja geradezu revolutionieren, wenn Sie damit wirklich Ernst machen. Denn sie sorgt in Windeseile dafür, negative Glaubenssätze gegen extrem positive Glaubenssätze über Sie selbst, Ihre Fähigkeiten und Ihre Kompetenzen auszutauschen – und das sogar, ohne dass Sie sich vorher Ihrer negativen Glaubenssätze überhaupt bewusst sein müssen.

ABER:

Diese Abkürzung wird Ihr Selbstbewusstsein und Ihr Selbstvertrauen nur dann wirklich entscheidend stärken, wenn Sie sie konsequent umsetzen, und zwar nicht manchmal, sondern immer. Und ich werde Ihnen auch gleich erklären, warum das so wichtig ist.

Zunächst aber möchte ich Ihnen die Abkürzung vorstellen.

Sie lautet:

Setzen Sie neue, höhere Standards für sich und Ihr Leben fest und steigern Sie diese neuen Standards in regelmäßigen Abständen immer weiter.

Hiermit sind allerdings ganz bestimmte Standards gemeint und es wichtig, dass Sie nun genau lesen:

Es geht hier NICHT um Dinge, die Sie sich vom Leben wünschen, also nicht darum, dass Sie sagen:

Für weniger als Gehalt X werde ich nicht mehr arbeiten, oder meine Wohnung muss mindestens 100 Quadratmeter haben oder: Mein Partner muss äußerlich diesem oder jenem „Standard" entsprechen, oder: ich erwarte von Freunden dieses oder jenes.

Sondern es geht beim Aufbau Ihres Selbstvertrauens und dem Austauschen Ihrer Glaubenssätze über sich selbst ausschließlich um Dinge, die SIE SELBST für sich, für Ihr Leben und für andere Menschen AKTIV bereitstellen oder tun.

Es geht also um Dinge, die Sie (sich selbst und anderen) GEBEN und nicht um Dinge, die Sie BEKOMMEN wollen!

Das können beispielsweise Standards sein wie:

Ich versäume im Beruf niemals eine Deadline, werde nie wieder jemanden warten lassen, ich werde meinen Vorgesetzten mit jedem meiner Arbeitsergebnisse (oder bei jedem Kontakt) begeistern, ich werde dafür sorgen dass mein Partner jeden Tag spürt, dass ich ihn liebe, ich bereite für mich und meine Familie jeden Tag einen frischen Salat zu, ich bin immer und jederzeit fit genug, um 5 Kilometer zu laufen... und vieles mehr....

Diese Art der Standards zeichnet sich dadurch aus, dass sie die Verantwortung für den Verlauf Ihres Lebens und Ihre Erfolge in allen Bereichen Ihres Lebens zu IHNEN zurückführt. Und das ist großartig!

Sie leben dadurch nicht mehr reaktiv (wie die Mehrheit aller Menschen), sondern proaktiv – das heißt, Sie reagieren mit Ihren Handlungen nicht mehr auf Ihre Umstände, sondern Sie GESTALTEN mit Ihren Handlungen Ihre Umstände. Und genau DAS ist auch eines der entscheidenden Kriterien für mentale Stärke!

SIE haben es dadurch plötzlich in der Hand, Dinge zu verbessern, neu zu gestalten oder auch ganz neu zu definieren. SIE erhalten dadurch die Macht darüber, welchen Bereich in Ihrem Leben Sie verbessern und zu was für einem Menschen Sie sich selbst entwickeln.

Sie brauchen dafür nichts von anderen, müssen auf nichts warten. SIE SIND NICHT MEHR ABHÄNGIG VON IHREM UMFELD ODER DER AUSSENWELT! Wenn Sie sich Standards ausschließlich auf diese Weise setzen, dann werden Sie frei!

Und genau am Punkt dieser Erkenntnis kann Ihre innere Stärke beginnen, sich Stück für Stück voll zu entfalten...

Keine Sorge, es geht natürlich nicht darum, sich selbst zu überfordern oder gar alles auf einmal zu tun und Sie können sich Ihre eigenen Standards im Einklang mit Ihren eigenen Werten ganz frei selbst wählen. Das ist sogar sehr wichtig, wie Sie später erfahren werden. Dies waren nur ein paar Beispiele um Ihnen zu zeigen, welche Art der Standards hier gemeint ist.

Das entscheidende Kriterium für die Auswahl Ihrer neuen Standards lautet:

Es handelt sich um etwas, dass Sie GEBEN oder TUN wollen (für sich selbst oder Andere), und nicht um etwas, das Sie BEKOMMEN wollen.

Nur mit solchen Standards werden Sie Ihr Selbstvertrauen von innen heraus aufbauen und ich erkläre Ihnen nun, warum und wie das funktioniert:

Um diese neuen, höheren Standards erfüllen zu können, müssen Sie nämlich neue Fähigkeiten entwickeln. Sie müssen sich selbst besser organisieren lernen, Ihre Willenskraft oder Disziplin stärken, Ihre Aufmerksamkeit, Ihre Konzentration oder Ihre Muskeln stärken oder Ihre soziale oder berufliche Kompetenz verbessern oder auch viele andere praktische Alltagsfähigkeiten aufbauen.

Dieses „Wachstum" ist eine natürliche Fortsetzung und Vertiefung des Komfortzonentrainings, das Sie in Teil III dieses Buches kennengelernt haben, denn auch hier müssen Sie Ihre Komfortzone verlassen und über Ihr bisheriges Ich hinauswachsen, um für sich und Andere neue, bessere Ergebnisse nach Ihren neuen Standards bereitzustellen.

Durch das Anwenden Ihrer neuen Fähigkeiten (beim Erfüllen Ihrer neuen Standards) erzielen Sie neben Ihrem inneren Wachstum aber auch konkrete äußere Verbesserungen in Ihrem Leben (äußere Erfolgserlebnisse).

Und durch genau diese Kombination aus innerer Entwicklung (dem Aufbau neuer Fähigkeiten) und äußeren Erfolgsergebnissen explodiert Ihr Selbstvertrauen.

Und zwar weil Sie Tag für Tag (jedes Mal, wenn Sie Ihre neuen Standards erfüllen) für Ihr Gehirn neue positive (Erfolgs)Beweise sammeln, mit denen Sie sehr schnell ein neues positives Selbstbild aufbauen und Ihre alten, negativen Glaubenssätze über Sie selbst durch das neue positive Selbstbild ersetzen.

Sie sammeln durch das Erfüllen Ihrer neuen Standards genau die Beweise, die Sie brauchen, um alte negative Glaubenssätze über sich selbst durch neue, positive zu ersetzen.

Und es spielt so auch gar keine Rolle, welche alten negativen Glaubenssätze heute bewusst oder unbewusst noch in Ihnen schlummern, Sie werden diese Glaubenssätze durch die neuen Erfahrungen, die Sie mit sich selbst und Ihren Fähigkeiten (und Ihrem Umgang mit dem Leben) machen, ganz einfach überschreiben, und müssen sich gar nicht weiter mit ihnen befassen.

Natürlich impliziert das, dass Sie sich nicht nur neue Standards SETZEN, sondern Ihre neuen Standards auch ERFÜLLEN. Denn positive Beweise für unser Gehirn sammeln wir nur durch reale Erfolgserlebnisse und nicht durch gute Vorsätze.

Das bewusste Setzen und das regelmäßige Erhöhen unserer eigenen Standards hat noch einen weiteren Effekt, der unser Selbstvertrauen massiv stärkt:

Da das Erfüllen von Standards nicht nur in einzelnen Situationen passiert, in denen wir etwas mehr geben als bisher, sondern wir unsere Standards IMMER erfüllen müssen, bieten sie zusätzlich die Komponente der Verlässlichkeit.

Wir beginnen, uns mit der Zeit immer mehr auf unsere neuen Fähigkeiten und unseren neuen Umgang mit Situationen zu verlassen, denn wir haben schließlich bestimmte Standards, die wir erfüllen müssen und wir haben uns selbst bewiesen, dass wir sie auch erfüllen KÖNNEN.

Diese Verlässlichkeit stärkt und festigt Tag für Tag unser VERTRAUEN in uns selbst und unsere Fähigkeiten weiter, es festigt also unser SelbstVERTRAUEN.

Wir können uns mit jedem weiteren Tag immer fester auf uns selbst verlassen...

Die 3 Voraussetzungen für echtes Selbstvertrauen und wie Sie sie aufbauen

Sie haben bereits im letzten Kapitel erfahren, dass Ihre neuen Standards bestimmte Voraussetzungen erfüllen müssen, damit Ihr Selbstvertrauen explodiert und Sie haben auch bereits erfahren, warum das so ist.

In diesem Kapitel möchte ich für Sie noch einmal die 3 entscheidenden Voraussetzungen zusammenfassen, die IMMER erfüllt sein müssen, damit Sie mit dieser Methode Ihr Selbstvertrauen verlässlich und enorm steigern.

Bitte prüfen Sie, wenn Sie im anschließend folgenden Praxisteil Ihre ganz persönlichen neuen Standards festlegen, immer anhand dieser Übersicht kurz, ob Ihre neuen Standards alle 3 Voraussetzungen erfüllen.

Voraussetzung 1:

Es handelt sich bei Ihrem Standard um etwas, das Sie GEBEN wollen und nicht um etwas, das Sie BEKOMMEN wollen. Sie brauchen nichts und niemand anderen dafür, um diesen Standard erfüllen zu können, sondern können das ganz alleine tun. Die MACHT, Ihren Standard zu erfüllen, liegt bei Ihnen.

Voraussetzung 2:

Sie setzen sich nicht nur neue Standards, sondern Sie ERFÜLLEN sie auch (und zwar IMMER), denn nur dadurch sammeln Sie neue Erfolgsbeweise, die Ihre negativen Glaubenssätze Stück für Stück verdrängen.

Achten Sie deshalb darauf, dass Ihre neuen Standards mit Ihren persönlichen Werten im Einklang sind, dass es also Dinge sind, die Sie tun WOLLEN. Vergleichen Sie sich dabei nicht mit anderen, sondern setzen Sie Ihre ganz eigenen Standards, die SIE erfüllen müssen, um mit sich selbst ganz zufrieden zu sein und die für SIE einen Wert darstellen, ganz egal, was Andere denken.

Voraussetzung 3:

Da Sie Ihre Glaubenssätze (und damit Ihr Selbstvertrauen) nur verändern, wenn Sie Ihre neuen Standards auch erfüllen, wählen Sie Ihre Standards immer so aus, dass Sie sie auch erfüllen KÖNNEN! Setzen Sie sie also realistisch, und nicht zu hoch, fest.

Wenn Sie noch nie in Ihrem Leben joggen waren und sich den Standard setzen, wöchentlich 10 km zu laufen, werden Sie ihn schlichtweg nicht erfüllen KÖNNEN.

Gehen Sie daher in kleinen Schritten vor, immer von Ihrer jetzigen Situation und Ihren jetzigen Fähigkeiten ausgehend.

Langfristig können Sie sich natürlich gerne hohe Ziele setzen (das ist sogar ganz ausgezeichnet für Ihr Selbstvertrauen), aber gehen Sie in kleinen Schritten dort hin. Und zwar, indem Sie Ihre Standards regelmäßig weiter anheben. Wie, erfahren Sie nach einigen Seiten. Noch etwas Geduld bitte.

Die 3 Schritte, mit denen Sie das Geheimnis umsetzen

In diesem Kapitel zeige ich Ihnen, welche drei Schritte Sie konkret gehen können, um mit dieser Methode Ihr Selbstvertrauen explodieren zu lassen. Im danach folgenden Praxisteil werden wir dann ganz gezielt IHRE persönlichen neuen Standards erarbeiten, mit denen Sie sich wohl fühlen und stark werden.

Schritt 1:

Legen Sie neue Standards für sich selbst und Ihr Leben fest und achten Sie darauf, dass jeder der neuen Standards die drei notwendigen Voraussetzungen erfüllt. Beginnen Sie dabei zunächst mit drei neuen Standards in dem Lebensbereich oder den Lebensbereichen, in denen Sie im Moment am wenigsten Selbstvertrauen haben und die Sie als erstes verbessern möchten.

Auch wenn Sie es bereits gelesen haben, möchte ich es noch ein weiteres Mal wiederholen, da es so wichtig für Ihren Erfolg ist:

Es geht hier nicht darum, dass Sie festlegen, was Sie von anderen Menschen, Ihrer Beziehung, Ihrem Job usw. erwarten, sondern darum, dass Sie festlegen, was Sie VON SICH SELBST erwarten! Ihre neuen Standards sind Standards, die SIE erfüllen (und nicht Andere) - denen SIE gerecht werden, und zwar nicht manchmal, sondern IMMER.

Wir alle haben bereits unbewusst bestimmte Standards für uns definiert, die wir auch erfüllen, zum Beispiel, dass wir immer pünktlich sind (wenn uns das wichtig ist) oder dass wir immer unsere Rechnungen pünktlich bezahlen oder in unserem Beruf immer ein gutes Ergebnis erzielen. Und wir tun ganz selbstverständlich alles, was nötig ist, um diese Standards zu erfüllen.

Oft sind unsere Standards allerdings das Ergebnis der Erwartungen anderer Menschen oder unserer Umwelt und nicht Ergebnis unserer eigenen freien Entscheidung. Wir glauben, wir MÜSSEN diese Dinge tun oder in einer bestimmten Weise erfüllen.

Ich möchte Sie ermutigen, selbst zu bestimmen, welche Standards Sie sich in Ihrem Leben setzen und erfüllen möchten und diese Standards heute ganz bewusst selbst zu setzen.

Dabei spielt es keine Rolle, was Andere von Ihnen erwarten, sondern was SIE tun, wie SIE sein und wie SIE sich verhalten müssen, damit SIE wirklich zufrieden mit sich und stolz auf sich sein können. Genau das ist nämlich der Punkt, an dem Ihre Selbstsicherheit, Ihr Selbstvertrauen und Ihre innere Stärke einen massiven Aufschub erhalten: Wenn Sie mit SICH wirklich zufrieden sind.

Knüpfen Sie sich also den Bereich oder die Bereiche vor, in denen Sie Ihr Selbstvertrauen gerne als erstes aufbauen wollen und fragen Sie sich ganz konkret:

Wie müssten Sie sich in Ihrer Beziehung, mit Ihren Kindern, mit Ihrem Partner oder im Umgang mit Ihren Kollegen verhalten (egal, wie sich die Anderen verhalten), um wirklich zufrieden mit SICH zu sein?

Wie müssten Sie mit Problemen in Ihrem Alltag oder mit Stress umgehen? Wie müssten Sie Ihren Job erledigen? Was für ein Zuhause müssten Sie sich und Ihrer Familie schaffen?

Wie müssten Sie Ihre Finanzen regeln? Wie müssten Sie mit Ihrem Körper und Ihrer Gesundheit umgehen? Wie müssten Sie sich im Alltag organisieren und Ihre Zeit und sich selbst managen? .... Damit Sie wirklich stolz auf sich sein können?

Sie könnten es zum Beispiel zu Ihrem Standard machen, immer pünktlich zu sein, geduldig mit Ihrem Partner umzugehen (auch im Streit), sich selbst und Ihren Tag so gut zu organisieren, dass Sie abends immer ein offenes Ohr und Aufmerksamkeit für Ihre Kinder haben. Oder auch, dass Sie Ihre Arbeitsergebnisse immer in einer bestimmten Qualität abliefern oder die Geschäftsführung Ihrer Firma bei der Erledigung von Sonderaufgaben immer begeistern. Oder auch, dass Sie jeden Monat einen festen Betrag sparen (ohne Ausnahmen – für unvorhergesehene Ausgaben bilden Sie zusätzliche Rücklagen) oder aber, dass Sie Ihrem Partner jeden Tag bewusst Wertschätzung zeigen oder jeden Tag Ihren Freund zum Lachen bringen.

Zur Erinnerung: Ihre Standards sind Ihre Erwartungen an sich selbst, etwas das SIE erfüllen müssen. Und zwar nicht ab und zu, wenn die Umstände gerade günstig sind oder nichts dazwischen kommt, sondern IMMER und als grundsätzliches Prinzip.

Deshalb ist es, wie Sie bereits gelesen haben, auch wichtig, dass Sie hundertprozentig hinter Ihren eigenen Standards stehen. Setzen Sie sich niemals einen Standard, weil Sie glauben, ihn erfüllen zu müssen, sondern nur Standards, die Sie erfüllen WOLLEN!

Sie werden durch neue Standards zu einem neuen Menschen! Und Sie dürfen selbst bestimmen, was für ein Mensch Sie sein möchten.

Dass Sie womöglich Ihr Leben lang Probleme hatten, bestimmte Standards zu erfüllen (vielleicht sind Sie „schon immer“ chaotisch, können nicht mit Geld umgehen, sind ungeduldig), heißt noch lange nicht, dass Sie diese Standards nicht ändern können, wenn Sie sich dazu entscheiden.

Lassen Sie sich das bitte auch nicht einreden. Schon gar nicht von Menschen, die selbst noch nie ernsthaft an ihrer eigenen Persönlichkeit gearbeitet haben. Es ist schlicht nicht wahr. Jeder Mensch kann sich (vollkommen) neu definieren, wenn er eine klare Entscheidung trifft, sich dazu verpflichtet und in der Umsetzung konsequent bleibt. Ich erlebe es in der Praxis ständig.

Nehmen Sie sich ein Notizbuch zur Hand und schreiben Sie Ihre neuen Standards auf!

Und keine Sorge: Auch wenn Sie im Moment noch unsicher sind, Sie können sich dorthin entwickeln! Sobald Sie diese Dinge einmal als Standard für sich festgelegt haben, werden Sie einen Weg finden, Ihre Standards zu erfüllen und auch zu halten.

Ihre Standards zu erfüllen wird ein MUSS für Sie und ist nicht mehr (wie vielleicht bisher) ein „es wäre schön wenn…“ oder „ich weiss, ich sollte eigentlich…“ oder „ich wäre gerne…“.

Ja, Ihre Standards werden Teil Ihrer Identität und sie werden Ihr Selbstbild ganz entscheidend formen. Legen Sie sie also ruhig hoch fest und erwarten Sie viel von sich, allerdings immer nur so hoch, dass Sie sie auch wirklich erfüllen können!

Schritt 2:

Verpflichten Sie sich Ihren neuen Standards!

Solange Sie Ihre Standards einfach als ein „Nice to have“ aufschreiben, als Wunschliste, wie Sie gerne wären und wie Sie gerne mit dem Leben umgehen würden, sind es noch keine Standards.

Erst wenn Sie sich klar für sie entscheiden und ALLES tun, was dafür nötig ist um sie IMMER zu erfüllen, werden sie wirklich zu Ihren Standards und formen so letztlich Ihren Charakter.

Denken Sie daran:

Wer etwas wirklich will, der findet Wege, wer etwas nicht will, findet Ausreden.

Die Entscheidung liegt immer bei Ihnen.

Und ja, Charakter ist veränderbar! Wir können ihn formen. Und wir können es bewusst tun. Es gibt kaum etwas kraftvolleres, als selbst dafür zu sorgen, dass wir uns zu dem Menschen entwickeln, der wir sein wollen (auch wenn wir dafür neue Dinge lernen, neue Fähigkeiten entwickeln, uns Vorbilder suchen und aktiv werden müssen), anstatt andere Menschen nur dafür zu bewundern und uns einzureden, dass wir niemals so sein könnten…

Schritt 3:

Schritt 3 ist deshalb die direkte Folge ihrer Entscheidung aus Schritt 2:

Sorgen Sie AKTIV dafür, Ihre neuen Standards zu erfüllen. Und zwar IMMER! Machen Sie das Erfüllen Ihrer eigenen Standards zu Ihrer ersten Priorität, zu einem MUSS, von dem Sie sich durch nichts und niemanden abhalten lassen.

Dadurch werden Ihre Standards zu festen Prinzipien und somit auch zu einem Orientierungspunkt, der Ihnen Kraft gibt. Etwas, das Sie durch das Leben führt und nach dem Sie sich richten können, ganz egal, was in Ihrem äußeren Leben geschieht.

Ganz nebenbei werden Sie mit dieser Strategie übrigens auch von Ängsten und Unsicherheiten befreit, die dadurch entstanden sind, dass Sie sich dem Leben oder anderen Menschen (bewusst oder unbewusst) ausgeliefert fühlen oder gefühlt haben.

Wenn wir für unsere Standards aktiv werden und sie erfüllen, beweisen wir uns zudem selbst, dass wir unsere eigenen Ziele erreichen können und das umsetzen können, was wir uns vornehmen. Dass wir also in der Lage sind, unser Leben selbst zu steuern, egal, wie die äußeren Umstände sind, und dass wir uns nicht von ihnen steuern lassen müssen, sondern frei sind!

Und Sie werden sehen, je öfter Sie Ihre neuen Standards erfüllen, umso rasanter wachsen Ihr Selbstvertrauen, Ihr Selbstbewusstsein und auch Ihr Selbstwertgefühl, denn Sie erleben sich selbst dann als jemanden, der positiv, konstruktiv und wertegeleitet mit dem Leben umgeht. Und es gibt wohl keinen Menschen, der einen solchen Umgang mit dem Leben bei sich selbst und anderen nicht wertschätzen würde.

Jedes Mal, wenn Sie Ihre eigenen Standards erfüllen, sammeln Sie also einen neuen Beweis dafür, dass SIE Ihr Leben steuern und dass Sie selbstbestimmt und konstruktiv mit dem Leben umgehen und bilden dadurch – wie Sie bereits wissen - schon bald neue Glaubenssätze über sich selbst, Ihre Fähigkeiten und Ihren Wert (zum Beispiel für Ihre Firma, Ihren Partner, Ihre Familie, die Gesellschaft etc.) aus. Und diese Glaubenssätze formen, wie Sie ebenfalls bereits wissen, Ihr Selbstbild.

Seien Sie deshalb wirklich konsequent. Machen Sie keine halben Sachen, sondern treffen Sie eine ernsthafte Entscheidung (und überlegen Sie sich vorher gut, welche Standards Sie WIRKLICH erfüllen wollen) und dann setzen Sie Ihre Prioritäten neu und starten durch zu Ihrer neuen Identität!

Ich kann Ihnen nur ans Herz legen:

Nutzen Sie das Geheimnis des bewussten Setzens von eigenen Standards und wenden Sie diese ausgesprochen machtvolle Strategie an! Erfinden Sie sich noch einmal ganz neu und revolutionieren Sie dadurch Ihr Leben!

Nicht, wenn wir von Anderen oder vom Leben Dinge fordern, oder uns möglichst viel vom Leben (oder anderen

Menschen) nehmen (können), wachsen unser Selbstvertrauen, unser Selbstwertgefühl und unser Gefühl der inneren Stärke, sondern wenn wir uns selbst als unabhängig und selbstbestimmt erleben!

Als einen Menschen, der sich selbst und sein Leben proaktiv steuern und frei entscheiden kann, wie er mit Situationen und Menschen umgeht. Der in der Lage ist, mit dem Leben so umzugehen, dass er sich selbst und Andere glücklich machen kann, wenn er es möchte.

Diese Kunst zu beherrschen ist die wahre Quelle eines starken Selbstbewusstseins.

Werden Sie der Schöpfer Ihres Lebens und Ihres Glücks und lernen Sie, sich selbst und anderen Menschen Glück zu schenken! Dann müssen Sie sich über Ihr Selbstvertrauen, Ihr Selbstwertgefühl und Ihre innere Stärke nie wieder Gedanken machen...

Praxis: Wie Sie in 30 Tagen Ihr Selbstvertrauen explodieren lassen

In diesem Praxisteil werden wir uns nun IHREN persönlichen neuen Standards, Ihrem neuen Selbstbild und Ihrem neuen Leben zuwenden und Ihr neues Wissen aus den letzten Kapiteln in die Praxis umsetzen.

Ich begleite Sie bei diesem Schritt und zeige Ihnen jetzt konkret, wie Sie dafür ganz einfach in den nächsten 30 Tagen vorgehen und Ihr Selbstvertrauen explodieren lassen.

Woche 1:

Tag 1:

Nehmen Sie sich heute 30 Minuten Zeit und ziehen Sie sich an einen ruhigen Ort zurück oder setzen Sie sich in ein gemütliches Cafe.

Denken Sie an einen Bereich in Ihrem Leben, in dem Sie (momentan) besonders wenig Selbstvertrauen haben und den Sie gerne erfolgreicher und erfüllter gestalten würden. Das mag der Bereich Partnerschaft oder Beziehungen sein, oder auch Ihre Finanzen, Ihr Beruf, der Bereich Sport oder etwas anderes. Es sollte aber ein Bereich sein, der Ihnen wichtig ist und der Ihnen am Herzen liegt.

Überlegen Sie sich nun:

Welche 3 Dinge könnte ich tun (die ich im Moment nicht tue), die bei regelmäßiger Wiederholung einen riesigen positiven Unterschied in diesem Bereich meines Lebens bewirken würden?

Setzen Sie diese 3 Dinge als neue Standards für sich fest. Achten Sie aber bei der genauen Auswahl und Festlegung Ihrer Standards darauf, dass sie die 3 Voraussetzungen erfüllen, die ich Ihnen vorgestellt habe und passen Sie sie, falls nötig, an.

Schreiben Sie Ihre neuen Standards auf. Schriftlich geäußerte Gedanken bleiben nicht nur besser im Gedächtnis, als bloß gedachte Gedanken, sondern sie haben auch einen deutlich verbindlicheren Charakter für uns. Es ist ein bisschen so, als würden wir einen Vertrag mit uns selbst schließen, in dem wir uns zu unseren neuen Standards verpflichten.

Das bringt mich auch schon zum nächsten Punkt:

Verpflichten Sie sich nun Ihren neuen Standards!

Tag 2-6:

Setzen Sie an den folgenden Tagen Ihre neuen Standards (pro)aktiv im Alltag um, und zwar jeden Tag.

Sehen Sie sich die Liste mit Ihren 3 neuen Standards am besten täglich einmal kurz an, um sie sich in Erinnerung zu rufen. Gerade am Anfang, wenn Sie noch nicht an sie gewöhnt sind, ist das sehr wichtig.

Damit Sie es nicht vergessen, tun Sie das einfach immer zur gleichen Zeit, am besten gleich morgens nach dem Aufwachen. Ein kurzer Blick auf Ihre Liste genügt, um sich Ihre Standards in Erinnerung zu rufen, bis Sie sie vollkommen verinnerlicht haben und sie automatisch erfüllen.

Und nun erfüllen Sie sie den Tag über. Leben Sie Ihre Standards!

Nehmen Sie sich zudem jeden Abend zwei Minuten Zeit und notieren Sie schriftlich je eine Situation zu jedem Ihrer 3 neuen Standards, in der Sie an diesem Tag Ihren Standard erfüllt haben. Ein kurzer Satz pro Situation genügt, aber schreiben Sie ihn auf.

Durch das Bewusstmachen, in Erinnerung rufen und Aufschreiben Ihres Erfolgs verankern Sie diesen noch tiefer in Ihrem Gehirn. Dadurch bilden sich in Ihnen noch schneller neue, positive Glaubenssätze über Ihre Fähigkeiten und Sie beschleunigen so den Prozess, Ihre alten Glaubenssätze durch neue zu ersetzen, Ihr Selbstbild zu verbessern und Ihr Selbstvertrauen zu stärken.

Tag 7:

Tun Sie heute das gleiche wie an den vergangenen Tagen 2-6.

Lassen Sie anschließend die vergangene Woche in Gedanken kurz Revue passieren und schreiben Sie 2 Dinge auf, die sich durch das Erfüllen Ihrer neuen Standards bereits nach außen sichtbar (und auch für Andere wahrnehmbar) verbessert haben.

Durch diese Bewusstmachung konkreter Erfolge, die nicht nur Ihr inneres Selbstbild, sondern auch Ihr äußeres Leben verbessern, motivieren Sie sich selbst enorm, mit dieser Strategie weiter zu machen.

Und nun:

Feiern Sie sich selbst und Ihren Erfolg!

Machen Sie sich ein kleines Geschenk. Etwas, das Sie sich sonst nicht gönnen. Das kann ein Stück Kuchen zum Kaffee sein oder eine Schachtel Pralinen, aber auch ein gutes Steak nach Feierabend, oder dass Sie heute einfach mal nicht die Wohnung sauber machen und sich stattdessen eine Stunde in die Badewanne legen.

Schenken Sie sich etwas, über das Sie sich wirklich freuen.

Woche 2:

Wiederholen Sie in der zweiten Woche das Programm der ersten Woche. Wählen Sie dafür 3 weitere Standards aus, mit denen Sie einen Lebensbereich verbessern möchten, der Ihnen wichtig ist. Das kann der gleiche sein wie in der ersten Woche, oder auch ein anderer. Entscheidend ist, dass er Ihnen wirklich wichtig ist.

Setzen und erfüllen Sie diese 3 neuen Standards nun ZUSÄTZLICH zu Ihren 3 Standards der letzten Woche. Einmal gesetzte Standards sollten Sie dauerhaft beibehalten.

Aber keine Sorge: Neue Standards werden Ihnen bei täglicher Erfüllung innerhalb von etwa 14-21 Tagen zur Gewohnheit und Sie müssen ab diesem Zeitpunkt nicht mehr über sie nachdenken, und verhalten sich in den jeweiligen Situationen automatisch entsprechend.

Betrachten Sie am letzten Tag der zweiten Woche den gesamten Zeitraum der letzten 14 Tage und machen Sie sich bewusst, welche äußeren Verbesserungen sich durch Ihre neuen Standards in diesen 2 Wochen bereits in Ihrem Leben eingestellt haben. Notieren Sie mindestens 5 Dinge und beachten Sie auch Kleinigkeiten.

Feiern Sie sich wieder! Diesmal gerne mit einem etwas größeren Geschenk – vielleicht einer Massage, einem Besuch im SPA oder einem Konzertbesuch...

Woche 3:

Wiederholen Sie in der dritten Woche wieder das Programm der ersten Woche. Wählen Sie dafür 3 weitere Standards aus, mit denen Sie einen Lebensbereich verbessern möchten, der Ihnen wichtig ist.

Setzen und erfüllen Sie diese 3 neuen Standards nun ZUSÄTZLICH zu Ihren 6 neuen Standards der letzten beiden Wochen. Einmal gesetzte Standards sollten Sie dauerhaft beibehalten.

Betrachten Sie am letzten Tag der dritten Woche den gesamten Zeitraum der letzten 21 Tage und machen Sie sich bewusst, welche Verbesserungen sich durch Ihre neuen Standards in diesen 3 Wochen bereits in Ihrem Leben eingestellt haben. Notieren Sie mindestens 8 Dinge. Auch Kleinigkeiten zählen.

Feiern Sie sich auch diesmal wieder ruhig mit einem etwas größeren Geschenk.

Auch Erwachsene werden durch Belohnung motiviert! ☺ Und da Sie gerade dabei sind, sich selbst zu entwickeln und Ihr gesamtes Leben dadurch Tag für Tag immer weiter zu verbessern, haben Sie eine echte Belohnung auch mehr als verdient!

Woche 4:

Wiederholen Sie in der vierten Woche noch einmal das Programm der ersten Woche. Wählen Sie dafür 3 weitere Standards aus, mit denen Sie einen Lebensbereich verbessern möchten, der Ihnen wichtig ist.

Setzen und erfüllen Sie diese 3 neuen Standards nun ZUSÄTZLICH zu Ihren 9 neuen Standards der letzten drei Wochen. Einmal gesetzte Standards sollten Sie dauerhaft beibehalten.

Und denken Sie weiter daran: Ihre Standards werden Ihnen bei täglicher Wiederholung innerhalb von 14-21 Tagen zur Gewohnheit. Sie müssen ab diesem Zeitpunkt nicht mehr über sie nachdenken und verhalten sich in den jeweiligen Situationen automatisch entsprechend.

Woche 5:

Tag 29:

Nehmen Sie sich heute 30 Minuten Zeit für eine Auswertung der letzten 4 Wochen und beantworten Sie folgende Fragen schriftlich:

1. Wie nehme ich mich selbst wahr in den Bereichen, in denen ich meine Standards erhöht habe?
2. Wie zufrieden bin ich mit mir auf einer Skala von 1-10 in den Bereichen, in denen ich meine Standards erhöht habe?
3. Welche 10 positiven Erfahrungen habe ich in den letzten 4 Wochen dadurch gemacht, dass ich meine Standards erhöht habe? (auch kleine Situationen zählen).
4. Wie selbstsicher bin ich auf einer Skala von 1 -10 in den Bereichen, in denen ich meine Standards erhöht habe?
5. Wie selbstsicher möchte ich auf einer Skala von 1-10 in diesen Bereichen bis zum Ende des nächsten Monats sein?
6. Was kann ich konkret tun, um auf der Skala in den nächsten 4 Wochen auf die gewünschte Stufe zu gelangen: Welche 3-5 weiteren Standards kann ich dafür neu setzen und erfüllen (oder: wie kann ich 3-5 meiner neuen Standards vom letzten Monat noch weiter anheben und erhöhen um dieses Ergebnis zu erreichen)?

7. Wer bin ich (in einem Satz) in den Bereichen, in denen ich meine Standards erhöht habe? Schreiben Sie Ihr neues positives Selbstbild in einem Satz auf. Ignorieren Sie dabei das, was noch nicht perfekt ist und schreiben Sie nur das Positive auf. Relativieren Sie es auch nicht, sondern feiern Sie es! Bleiben Sie mit Ihrem Fokus bei Ihrem Erfolg und dem, was Sie bereits GUT machen, nicht bei dem, was Sie noch besser machen könnten. Sie wissen ja: Unsere Energie folgt unserer Aufmerksamkeit, deshalb ist es sehr wichtig, dass wir uns auf unsere Erfolge konzentrieren, und nicht auf unsere Misserfolge.
8. Was möchte ich mir selbst zum Ende dieses 30 Tage Praxisprogramms schenken, um mich für meine innere Entwicklung in den letzten 4 Wochen und für meinen Erfolg zu belohnen? Lassen Sie diesen Schritt nicht aus!

Tag 30:

Tun Sie heute gar nichts und feiern Sie sich! Schenken Sie sich das, was Sie gestern in Frage 8 notiert haben.

Erinnern Sie sich daran, was Sie bereits im Kapitel zum Mentaltraining darüber gelesen haben, warum es so wichtig ist, sich selbst und seine Erfolge zu feiern. Und wenn Sie mögen, lesen Sie das Kapitel noch einmal.

Erinnern Sie sich:

WENN SIE ETWAS GELERNT ODER GETAN HABEN, DAS SIE BISHER NOCH NICHT KONNTEN, DANN IST DAS ETWAS BESONDERES!

UND, JA: IHRE ERFOLGE MÜSSEN SIE FEIERN! MACHEN SIE ES ZU IHRER PRIORITÄT UND SCHAFFEN SIE SICH ZEIT DAFÜR!

Überlegen Sie also, womit Sie sich selbst beschenken und sich etwas Gutes tun können, um sich zu belohnen. Gönnen Sie sich etwas, das IHNEN Freude macht!

Und wenn Sie mir (noch) nicht glauben, dann probieren Sie es aus und testen Sie, was es mit Ihnen und Ihrem Selbstbewusstsein macht!

Geben Sie sich selbst ein Versprechen und werden Sie unbesiegbar!

Zum Abschluss dieses Buches möchte ich Ihnen noch eine Idee vorstellen, die Ihnen dabei helfen wird, langfristig immer weiter zu wachsen und sich und Ihr Leben proaktiv zu entwickeln, um daraus das großartigste Leben zu machen, das Sie leben können!

Wenn Sie regelmäßig meine Bücher lesen, dann wissen Sie, dass ich ganz bewusst immer wieder darauf hinweise:

Es reicht nicht, Bücher zu lesen. Nur wenn Sie aktiv werden und auch dauerhaft aktiv BLEIBEN, wird sich Sie Ihr Leben dauerhaft verändern.

Es hilft ungemein, wenn Sie sich schriftlich zu Ihrem inneren Wachstum, Ihrer Entwicklung, und der Verbesserung, die Sie sich in Ihrem Leben wünschen, verpflichten.

Das wird Ihre Ziele nicht nur tiefer in Ihrem Gedächtnis verankern, sondern Sie auch auf sehr tiefer Ebene dazu verpflichten, für Ihre Entwicklung aktiv zu werden und Ihr Ziel zu erreichen.

Es wird Ihnen außerdem signalisieren, dass Ihre innere und äußere Entwicklung in IHRER Hand liegt. Dass SIE etwas dafür tun können und müssen. Und dass SIE damit letztendlich durch Ihre eigenen Verpflichtungen, Ihre Gedanken, die Standards, die Sie setzen und leben, den

Verlauf Ihres Lebens (zu einem sehr großen Teil) selbst bestimmen.

Und diese Möglichkeit zu haben ist wunderbar und wird von über 90 Prozent aller Menschen in unserem Land nicht erkannt und so auch nicht in seinem vollen Ausmaß wahrgenommen.

Seien Sie klüger und nutzen Sie sie!

Geben Sie sich dafür heute selbst ein Versprechen! Und zwar schriftlich. Das dürfen und sollten Sie sich wert sein!

Schreiben Sie sich selbst einen Brief und sagen Sie sich darin all die Dinge, die Sie für sich und andere Menschen in Ihrem Leben sicherstellen werden. Alles, wofür es sich wirklich lohnt, mentale Stärke und andere Qualitäten aufzubauen und innerlich zu wachsen.

Alles, was Sie sich selbst ab heute geben und was Sie für sich tun werden. Welches Leben Sie sich und Ihrer Familie aufbauen werden.

Bewahren Sie diesen Brief so auf, dass Sie regelmäßig darauf schauen können, ganz besonders in den ersten Wochen.

Sie können Ihr Versprechen auch auf einen kleinen Zettel schreiben, den Sie im Geldbeutel immer bei sich tragen.

Nehmen Sie Ihr Versprechen ernst.

Die Tatsache, dass Sie dieses Buch gekauft und bis zum Ende gelesen haben beweist bereits, dass Sie wachsen

WOLLEN! Und wenn Sie etwas wollen, dann können Sie es auch!

Sie wissen ja:

Wer etwas wirklich will, findet Wege... Wer etwas nicht will, findet Ausreden und Gründe, warum es nicht geht.

Schenken Sie sich selbst das Leben, das Sie schon so lange verdienen und legen Sie dafür heute ein Gelöbnis ab – für den wichtigsten Menschen in Ihrem Leben:

Sie selbst!

Schlusswort

Ich hoffe, dieser Ratgeber hat Ihnen gefallen und wird Ihnen helfen, echte mentale Stärke zu entwickeln und zu einem der wenigen faszinierenden Menschen zu werden, die von Anderen für ihre unbesiegbare innere Stärke, Fokussierung und Klarheit bewundert werden.

Sie haben nun das Wissen und eine genaue Schritt für Schritt Anleitung, wie Sie das erreichen können.

Doch nun stehen Sie vor dem entscheidenden Schritt, der darüber entscheidet, ob dieses Buch Sie und Ihr Leben verändern wird, oder ob Sie es in wenigen Wochen wieder vergessen haben:

IHREM Schritt in die Praxis.

Daher ist dieser letzte Tipp von mir der wichtigste des gesamten Buches:

Setzen Sie Ihr neues Wissen JETZT um!

Warten Sie nicht damit, sondern beginnen Sie heute mit dem ersten Schritt, der Umsetzung des Praxisprogramms.

Sie wissen ja:

Nicht Wissen ist Macht, sondern angewandtes Wissen. Nicht-angewandtes Wissen vermag nichts zu verändern... Sorgen Sie deshalb dafür, dass Sie dieses Buch nicht umsonst gelesen haben.

Wenn Sie die Strategien aus diesem Buch ernsthaft umsetzen und sich wirklich darauf einlassen, werden sich Ihr gesamtes Leben und auch Ihr Lebensgefühl in kürzester Zeit auf sehr tiefer Ebene verändern. Das verspreche ich Ihnen! Sie werden unbesiegbar! Und das fühlt sich SO gut an!

Entfesseln Sie also Ihre wahre Stärke und lassen sich auf das Abenteuer ein, Ihr Leben wirklich zu leben. Die wirklich großartigen Möglichkeiten des Lebens eröffnen sich dem, der wahre geistige Stärke besitzt. Denn die größten Schätze des Lebens liegen oft hinter der Angst verborgen. Sie müssen durch die Angst hindurch, um sie zu erreichen.

Für einen mental starken Menschen ist das ein Kinderspiel. Er fürchtet sich nicht vor der Angst. Er geht auf sie zu und durch sie hindurch. Und er wird an seinem Ziel ankommen, ganz egal, wie schwer es ist. Denn er hat sich dafür ENTSCHIEDEN.

Und was ein starker Geist entscheidet, das erreicht er auch.

Er fragt sich niemals „Kann ich das erreichen?“. Sondern er fragt sich „WIE kann ich das erreichen?“

Setzen Sie die Strategien aus diesem Buch deshalb wirklich um und bleiben Sie dabei, auch wenn es einmal schwierig wird. Lassen Sie sich nicht durch die Widerstände und Stolpersteine aufhalten, die auf dem Weg zu jedem Fortschritt liegen, sondern bleiben Sie unbeirrbar auf Ihr Ziel fokussiert und machen Sie einfach weiter.

Werden Sie stärker als die Probleme, die Sie auf Ihrem Weg vorfinden. Und für Sie wird sich eine neue Welt eröffnen!

Ein fantastisches, freies und intensives Leben der Stärke und der Freude, der Entschlossenheit und der inneren Größe, der mutigen Entscheidungen und der erreichten Ziele. Mit einem Geist, der fokussiert und unbeirrbar ist, der weiß was er will und wer Sie sind. Der Sie sicher und aufrecht stehen lässt, wenn die Stürme des Lebens kommen. Und sie kommen immer….

Leben Sie nicht länger in Angst, in Sorge, in Unsicherheit und unter Ihren Möglichkeiten, sondern entfesseln Sie Ihre wahre Größe und beginnen Sie jetzt, Ihr Leben wirklich zu leben!

Bis bald, vielleicht in einem meiner anderen Ratgeber. Ich würde mich freuen!

Ihre Cosima Sieger

P.S. Wenn Ihnen dieses Buch gefallen hat und Sie auch in Zukunft von mir lesen möchten, sind Sie herzlich eingeladen, sich auch in meinen Leser-Newsletter einzutragen. Dort erhalten Sie kostenlose Leseproben und hin und wieder auch ein kleines Geschenk von mir.

Dieser Newsletter ist kein gewöhnlicher Newsletter wie Sie ihn kennen. Lassen Sie sich überraschen! Hier können Sie sich in einer Minute eintragen:

www.cosima-sieger.de/cosimas-newsletter

Wenn Sie tiefer in die Kunst der inneren Entwicklung einsteigen wollen, dann empfehle ich Ihnen auch meine Online Akademie. Dort erhalten Sie jeden Freitag von mir Übungen, mit denen Sie Ihre Persönlichkeit, Ihren Geist und Ihr Leben nach Ihren Wünschen verändern und zu dem unbesiegbar starken Menschen werden, der im Leben auch dauerhaft bekommt, was er sich wünscht.

Ich bin überzeugt davon, dass wir mit unserer Persönlichkeit und all ihren Elementen, wie unseren bewussten und unbewussten Glaubenssätzen, unseren Gedanken und Bewertungen, unseren Gefühlen, und unseren Reaktionen auf das Leben zu einem ganz wesentlichen Teil unser Schicksal selbst formen.

Und dass wir all das nach bestimmten natürlichen Gesetzen bewusst verändern und uns so auch jederzeit ein neues Leben mit vollkommen neuen Erfahrungen erschaffen können. Einige Methoden dafür haben Sie bereits in diesem Buch kennengelernt, doch es gibt noch weitere fantastische Möglichkeiten und Strategien zu entdecken, mit denen Sie sich selbst mit Leichtigkeit von innen heraus weiterentwickeln und der Mensch werden, der Sie sein wollen.

Finden Sie hier kostenlos heraus, wie faszinierend Ihre Persönlichkeit arbeitet und wie Sie sie verändern können:

http://www.cosima-sieger.de/4z1p47p1tb7/

Und wenn Sie sich eine Veränderung auf einer tieferen Ebene wünschen, dann kommen Sie gerne auch zu uns in die Akademie, erhalten Sie meine gesamten Erfolgsstrategien für Ihr zielgerichtetes inneres Wachstum und erschaffen Sie sich das Schicksal, das Sie sich wünschen.

Zur Akademie:

http://www.cosima-sieger.de/cosimas-akademie/

Cosima Siegers beliebteste Bücher

Dieses seit Jahren beliebteste Buch der Autorin ist für Menschen, die ihre Herzenswünsche leben wollen!

Sie erhalten eine hochwirksame Anleitung, wie Sie innere Blockaden auflösen und mit dem Gesetz der Anziehung Ihre Wünsche Wirklichkeit werden lassen.

Dieses Buch ist ein Praxisprogramm für Menschen, die von Ängsten geplagt sind. Sie können etwas dagegen tun!

Sie erhalten eine erprobte Anleitung, wie Sie in 5 Schritten Ihre Ängste besiegen und endlich frei werden können.

Dieses Buch ist der ideale Leitfaden für Sie, wenn es Ihnen schwerfällt, dem Leben zu vertrauen und Sie oft unruhig sind oder sich Sorgen machen.

Sie lernen, wie Sie in 6 Schritten Ihr Urvertrauen aufbauen und so Geborgenheit und Halt im Leben finden.

Dieses Buch ist die Lösung für Menschen, denen es schwerfällt, andere Menschen, Dinge, Gedanken oder auch Erinnerungen loszulassen.

Sie erfahren, wie Loslassen in 5 praktischen Schritten plötzlich ganz einfach wird und Sie glücklich neu starten!

Dieses Buch ist perfekt für Sie, wenn Sie mehr Dankbarkeit und Freude in Ihr Leben bringen wollen.

Sie lernen in einem 30 Tage Programm ganz praktisch, wie Sie in die Dankbarkeit kommen und dadurch im Innen und Außen unendliche Fülle erschaffen.

Dieses Buch ist das richtige für Sie, wenn Sie zu einem Menschenmagnet werden wollen.

Sie lernen, wie Sie aus Ihrem Inneren heraus ganz authentisch eine einzigartige Ausstrahlung aufbauen und Menschen anziehen wie ein Magnet.

Dieses Buch richtet sich an Menschen, die ihr Selbstwertgefühl stärken und lernen wollen, sich selbst liebevoller zu behandeln.

Sie erhalten unverzichtbares Basiswissen zum Thema Selbstliebe & Selbstwertgefühl: Sie lernen die 7 Säulen der Selbstliebe und ein paar wunderschöne Rituale zum Aufbau Ihrer Selbstliebe kennen.

Dieses Buch ist die perfekte Ergänzung zum großen Selbstliebe Ratgeber von Cosima Sieger.

Sie erhalten darin ein Programm mit 30 einfachen Übungen für jeden Tag für ein gesundes Selbstwertgefühl und einen liebevollen Umgang mit sich selbst.

Dieses Buch ist die ideale Erweiterung zu den anderen Selbstliebe Büchern der Autorin für Menschen, die noch intensiver in das Thema einsteigen wollen.

Sie unternehmen unter anderem eine Reise zu Ihrem inneren Kind, erleben eine unvergessliche Fantasiereise in die Welt des Geliebt-Seins und lernen, wie Sie Ihre inneren Gefäße füllen und Ihr Herz für die Liebe öffnen.

Dieses Buch ist für Menschen, denen es schwerfällt, an sich zu glauben und die oft an sich zweifeln.

Sie erhalten ein hochwirksames 30 Tage Programm, mit dem Sie Ihre innere Kraft entdecken und beginnen, endlich ganz an sich zu glauben!

Dieses Buch richtet sich an Menschen, denen es schwerfällt, gelassen durchs Leben zu gehen.

Sie ermitteln Ihre persönlichen Gründe, warum Sie so schwer gelassen bleiben können und erhalten praktische Übungen, mit denen Sie direkt an **Ihrer** Ursache ansetzen und Ihre Gelassenheit wiederfinden können.

Dieses Buch ist für Sie, wenn Sie lernen wollen, mehr im Hier und Jetzt zu sein und den Moment wirklich wahrzunehmen und wieder mehr zu genießen.

Sie finden hier wunderschöne tägliche Übungen der Autorin, die Sie in die Achtsamkeit zurückbringen und Sie wieder mit dem Leben verbinden.

Mit diesem Buch möchte Cosima Sieger Menschen erreichen, die in einem stressigen Alltag gefangen sind und nicht mehr selbst herausfinden.

Sie lernen, wie Sie den Stress loslassen und sich selbst so durch Ihr Leben mit all seinen Herausforderungen führen können, dass Sie in einem Zustand der Ruhe ankommen.

Holen Sie sich jetzt **Ihre** persönlichen Lieblingsbücher von Cosima Sieger und lassen Sie sich von der beliebten Autorin für persönliche Weiterentwicklung auf Ihrem Wachstumsweg begleiten!

Sie finden ihre Bücher bei Amazon und bei anderen Buchhändlern.

Möchten Sie tiefergehende Begleitung von Cosima Sieger auf Ihrem persönlichen Wachstumsweg?

I - Der gründliche Weg: die Akademie

In der Cosima Sieger Akademie werden Sie zwei Jahre lang mit wöchentlichen Lektionen und Übungen von Cosima Sieger auf Ihrem Weg begleitet. Sie erfahren unter anderem, wie Sie Ihren Lebenssinn finden und leben. Wie viele andere begeisterte Teilnehmer erhalten Sie hochwirksames und zum Teil noch unbekanntes Wissen zum Thema persönliche Weiterentwicklung - jeden Freitag direkt in Ihr E-Mail-Postfach.

II - Der schnelle Weg: die Kurse

Wenn Sie schnelle Veränderungen und Erfolge in einem bestimmten Lebensbereich haben möchten, können Sie auch dem erfolgreichen Weg vieler faszinierter Teilnehmer folgen und mit den Cosima Sieger Kursen zum Selbststudium arbeiten.

Mehr erfahren Sie auf den folgenden Seiten.

I - Die Cosima Sieger Akademie

<u>Zwei Jahre lang Begleitung auf Ihrem Lebensweg</u>

Mit wöchentlichen Anleitungen und Übungen von Cosima Sieger für Ihr erfolgreiches persönliches Wachstum!

<u>Die beliebte Akademie ist perfekt für Sie, wenn Sie:</u>

- Alte Muster, Ängste und Blockaden auflösen wollen.
- Stark, gelassen und glücklich werden und den Zugang zu **Ihrem** Lebenssinn finden wollen.
- Sich systematische Anleitung und Begleitung auf Ihrem Weg zu einem tief erfüllten, sinnhaften Leben wünschen.

„Ich bin davon überzeugt, dass wir durch die richtige Veränderung in unserer inneren Welt auch unser äußeres Leben nach unseren Wünschen verändern können. Genau das haben mir auch bereits mehrere hundert begeisterte Teilnehmer der Akademie bestätigt."

Cosima Sieger

Ein neues Leben beginnt mit neuen Gedanken!

Teilnehmer sagen:

„Ich habe durch das Studium Ziele erreicht, die mir vor 12 Monaten noch unerreichbar vorkamen!"

„Es lohnt sich! Ich bin auf dem Weg und werde es sicher weiter bleiben."

„Ich bin restlos begeistert von der Akademie!!! Mein Leben hat sich stark verbessert und ich kann es immer kaum abwarten, bis wieder Freitag ist und ich die nächste Lektion bekomme und bearbeiten kann."

Wenn Sie möchten, finden Sie heraus, ob diese Akademie auch für Sie und Ihren persönlichen Lebensweg die richtige Begleitung ist!

Sie finden die Cosima Sieger Akademie unter dem folgenden link:

www.cosima-sieger.de/cosimas-akademie

II - Die Cosima Sieger Kurse

Wenn Sie schnelle Erfolge in einem bestimmten Lebensbereich haben möchten

Sie erreichen mit diesen Kursen in wenigen Wochen einen tiefgreifenden Wandel in einem bestimmten Lebensbereich, in dem Sie im Moment wachsen oder etwas verändern wollen.

Alles beginnt mit einer Entscheidung!

Teilnehmer sagen:

„Mein Leben ist auf einmal einfach wundervoll."

„Es ist ein tolles Gefühl, wenn ich merke, dass ich weiterkomme!"

„Seit ich mit dem Kurs angefangen habe, hat sich so vieles zum Positiven verändert, dass ich überhaupt nicht weiß, wo ich anfangen soll..."

Entdecken Sie hier, wie einfach die Kurse funktionieren und warum sie der Durchbruch in Ihrer persönlichen Entwicklung sein können:

www.cosima-sieger.de/kurse

Anhang, Haftungsausschluss und Copyright

Was denken Sie?

Wenn Ihnen mein Ratgeber gefallen hat, freue ich mich auf Ihre Bewertung bei Amazon! Eine kurze Bewertung gibt mir meine Motivation, um weitere Ratgeber für diese Reihe zu schreiben und auch das Wissen, wie ich sie so gestalten kann, dass ich Ihnen damit am besten helfe.

Selbstverständlich ist sowohl positives, als auch negatives Feedback willkommen. Mit beidem kann ich meine Bücher kontinuierlich für meine Leser verbessern, und das ist mir sehr wichtig. Über positives Feedback freue ich mich aber natürlich ganz besonders.

Schenken Sie mir also doch jetzt noch 2 Minuten Ihrer Zeit und schreiben Sie mit ein oder zwei Zeilen jetzt gleich noch eine kurze Bewertung zu diesem Buch.

Vielen herzlichen Dank für Ihre Unterstützung!

Haftungsausschluss, Impressum & Eigentumsrechte

Wir sind bemüht, alle Angaben und Informationen in diesem Buch korrekt und aktuell zu halten. Trotzdem können Fehler und Unklarheiten leider nie vollkommen ausgeschlossen werden. Daher übernehmen wir keine Gewähr für die Richtigkeit, Aktualität, Qualität und Vollständigkeit der vorliegenden Texte und Informationen.

Für Schäden, die durch die Nutzung der bereitgestellten Informationen mittelbar oder unmittelbar entstehen, haften wir nicht, solange uns nicht grob fahrlässiges oder vorsätzliches Verschulden nachgewiesen werden kann. Für Hinweise auf eventuelle Fehler oder Unklarheiten sind wir Ihnen dankbar.

Impressum:

Die Autorin Cosima Sieger wird vertreten durch:

Miriam Al-Kebbeh
Arndtstrasse 25
60325 Frankfurt am Main
E-Mail: freizeitgewinnen@gmail.com

Printed in Germany
by Amazon Distribution
GmbH, Leipzig

28624097R00112